Neue Wege

17 PILGER-ROUTEN, DIE VERÄNDERN

EDITION
Welt der Frau

Kailash-Manasarovar-Gebiet
Kailash-Kora
Kailash
Klostertreff
Kloster
Berg
Chaktsal Gang (Stätte der Niederwerfung)
Shapje (Fußabdruck Buddhas)
Weg der Kora
Sonstige Wege
Fluß / Bach
189
MARIA WÖRTH – MARIA GAIL
Schiefling am See
Pörtschach am Wörthersee

Schritt für Schritt ins Weite

Vor zwei Jahren fragten wir unsere Leserinnen, ob sie Zeit und Lust verspüren, sich ein paar Tage auf *Welt-der-Frau*-Pilgerschaft zu begeben. Innerhalb weniger Tage haben sich Hunderte gemeldet. Sie alle wollten sich drei Tage auf einer vorgeschlagenen Route, begleitet von einem Pilgertagebuch auf den Weg machen. Elf von ihnen haben schließlich den Rucksack gepackt und uns anschließend von ihren Erfahrungen berichtet. Keine gleicht der anderen. Aber jede ist von einer großen Ernsthaftigkeit getragen. Pilgern ist mehr als Wandern und Spazierengehen. Beim Pilgern bekommt die Seele Raum. Das spürt man in den Berichten. Nicht selten ist darin von Lebenswenden die Rede und von der neuen Freiheit, die gesucht und manchmal im Gehen auch gefunden wurde.

In diesem sehr speziellen Pilgerführer fassen wir für Sie die Routen, die unsere Leserinnen gegangen sind, zusammen. Sie sind angereichert mit vielen praktischen und sehr persönlichen Tipps. Elf Routen wurden quer durch Österreich zu Fuß, mit dem Rad, allein, mit Ehemann oder Tochter zurückgelegt.

Zusätzlich haben wir sechs Personen gefragt, die auf internationalen Pilgerwegen unterwegs waren, uns von ihren Erfahrungen zu erzählen. Ob im Norden Europas, in Tibet oder in Israel, in Irland oder Deutschland, es sind unglaublich spannende Herausforderungen, denen sich die international Gehenden aussetzen.

Wir danken allen, die bereit waren, für Sie ihre Erfahrungen zu notieren und weiterzugeben. Und nicht nur das. Sie waren auch mutig genug, ein besonderes fotografisches Experiment mitzumachen. Kurt Hörbst hat unsere Pilgerinnen und Pilger „gescannt". Diese künstlerische Fotografie ist spektakulär anders. Eine neue Erfahrung. Daher passt sie so gut zu unserem Buch.

Besonders danke ich unserer ehemaligen Kollegin Andrea Mann, die alle Pilgerinnen während der Serie in der *Welt der Frau* engagiert begleitet und die Texte bearbeitet hat. Verena Halvax hat auf ihrer Arbeit aufbauend dieses Buch konzipiert, recherchiert und geschrieben. Wir glauben, es ist gelungen. Und hoffen, dass Sie das auch so sehen. Wir wünschen Ihnen gute Wege, wo immer Sie unterwegs sein werden!

Christine Haiden

Kraftquelle Pilgern

Im Leben gibt es immer wieder Situationen, die eine Auszeit verlangen. Überlastung, Krisen, Abschied, Neubeginn, Sinnsuche. Oft erkennen wir die Zeichen, nehmen uns aber nicht die Zeit, manchmal übersehen wir auch die Signale, und hin und wieder fehlt uns einfach der Mut dazu oder vielleicht nur die Idee. Pilgern ist eine wunderbare Art, sich in solche Situationen hineinzubewegen und gestärkt wieder herauszugehen. Im Dazwischen, also auf der Strecke zwischen Aufbruch und Ziel, passiert für jeden etwas anderes. Aber es passiert etwas. Viele sprechen von Wandlung. Die einen verspüren plötzlich ein Gefühl von Dankbarkeit, die anderen vernehmen tiefe Stille in sich oder eine besondere Klarheit, bei wiederum anderen macht sich erst im Alltag nach und nach eine Veränderung breit.

Jahr für Jahr machen sich Tausende und Abertausende auf den Weg und gönnen sich diese Auszeit. Pilgern hat sich zu einem großen Trend entwickelt. Warum? Immerhin ist es keine Seltenheit, dass überlieferte, zum Teil längst totgeglaubte Traditionen zu neuem Leben erwachen. Ob aus unserer eigenen Geschichte, ob aus fremden Kulturen oder anderen Religionen. Auch Pilgern ist eine solche Tradition. Im vorliegenden Buch etwa ist von Wandermönchen im sechsten Jahrhundert die Rede. Pilgern war im Mittelalter ein übliches Mittel, um Buße zu tun oder Heilung zu erbitten. Und schon als Buddha lebte, verwies er auf besondere Wallfahrtsorte, „um Gott zu schauen“, also ein halbes Jahrtausend vor Christi Geburt. Auch Schamanen sollen bereits zu vorchristlichen Zeiten spezielle Kraftwege gegangen sein. Pilgern ist wohl so alt wie die Menschheit selbst. Warum also gerade jetzt dieser Pilger-Boom? Darüber kann man nur spekulieren. Hilfreich mag es sein, sich der Bedeutung des Pilgerns anzunähern.

„Pilger“ heißt so viel wie „Fremder“, und eine Pilgerreise ist somit immer auch eine Reise ins Fremde, ins Ungewisse. Was Pilgern darüber hinaus noch ist, dafür gibt es viele Antworten. Wahrscheinlich so viele, wie es Pilger gibt. Strenggläubige Katholiken würden vielleicht sagen, Pilgern sei gleichzeitig Beten und Laufen. Für manche ist es das auch. Für die meisten jedoch hat das vordergründig Religiöse an Bedeutung verloren. Heute steht die spirituelle Dimension im Mittelpunkt. Und der Wunsch, sich selbst näher zu kommen. Dass all dies oft

Hand in Hand geht, zeigt ein anderer Definitionsversuch: „Pilgern ist die Suche nach Gott. Und wer nach Gott sucht, wird unweigerlich über das eigene Ich stolpern!" So gesehen, sind Pilger und Wallfahrer synonym zu sehen. Wenn ein Unterschied hervorgehoben wird, dann jener, dass Pilger nicht immer aus religiösen Gründen unterwegs sind, wenngleich das Ziel meist ein traditionell-religiöses ist, eine Pilgerstätte eben. Was Pilgern in jedem Fall bedeutet und es beispielsweise vom Wandern unterscheidet, ist nach Hape Kerkeling folgendes: Wandern ist die äußerliche Unternehmung, Pilgern der innerliche Vorgang. Wandern bedeutet ruhiges Vorankommen, Pilgern ist bewegtes Innehalten. Man wandert mit den Füßen, aber pilgert mit dem Herzen. Noch ein letzter Vergleich: Sind es beim Wandern kleine Stolpersteine am Weg, die einem zu schaffen machen, sind es bei einer Pilgerreise eher die inneren Hindernisse, die es zu überwinden gilt.

Der Pilger-Boom also hängt mit dem steigenden Bedürfnis nach Spiritualität zusammen. Dieses wiederum hat viele Gründe. Wie auch immer sie lauten, ganz offensichtlich besteht eine Sehnsucht nach Transzendenz, vielleicht als beständiger Gegenpol zu einer sich stark verändernden Zeit. Glaube und Spiritualität geben Halt, auch der Persönlichkeit.

Pilgern ist eine Methode von vielen, sich spirituell auszurichten. Eine beliebte, aber nicht unbedingt eine leichte. Denn es erfordert in der Tat Mut, sich aufzumachen, alles zurückzulassen und sich einmal ganz sich selbst und dem großen Ganzen zu widmen. Und sei es nur für ein paar Tage. Dieser Mut allerdings wird belohnt. Wie heißt es so schön? Man kommt nie zu Hause an, wenn man sich nicht davon entfernt. Losgehen also, um anzukommen. Da, wo man ist, im Hier und Jetzt. Das mag zunächst ein Kraftakt sein, letzten Endes aber ist Pilgern immer eine Kraftquelle. Ein Leben lang für den, der will.

Bevor Sie sich nun entschließen loszugehen, lassen Sie uns noch ein paar gemeinsame Schritte tun ...

Sieben gemeinsame Schritte, bevor Sie losgehen

Pilgern ist eine sehr persönliche und individuelle Angelegenheit. Selbst wenn 200.000 Menschen den Jakobsweg gehen, erlebt ihn jeder anders. Jeder Einzelne hat sein eigenes Motiv aufzubrechen und auch sein eigenes Ziel. Er hat andere Bedürfnisse, andere Begegnungen, andere Symbole und eine völlig andere Interpretation seiner gesamten Reise. So unterschiedlich Pilgern für den Einzelnen ist, so gibt es doch einiges, was allen Wegen gemeinsam ist. Von diesen Gemeinsamkeiten soll hier die Rede sein. Sie machen Mut und Lust zugleich und dienen als gute Einstimmung für Ihren eigenen Weg.

1. Loslassen

Wer sich auf eine Pilgerreise begibt, lässt automatisch einiges los, zumindest für eine gewisse Zeit: seine Lieben, sein Zuhause, den Alltag, den gewohnten Komfort und jede Menge Aktivitäten. Sobald der Entschluss gefasst ist und der Aufbruch beginnt, ist bereits die höchste Hürde genommen. Denn aus seinem Umfeld auszubrechen, erfordert einiges an Mut. Ab diesem Zeitpunkt wird das Leben radikal einfach: Es gibt einen Wegweiser, dem man zu folgen hat; auf dem Rücken trägt man nur das, was zum Überleben wichtig ist, und der Tagesablauf ist klar geordnet: Gehen, Essen, Schlafen. Es ist die erste wichtige Erfahrung jedes Pilgers, wie wenig ein Mensch wirklich braucht. Selbst das Denken wird einfach. Wer loslassen kann, lernt auch die kleinen Dinge des Lebens wieder zu schätzen: ein freundlicher Gruß, der vom Baum gefallene Apfel, ein herzlicher Blick. Loslassen meint aber nicht nur die materiellen Dinge, sondern auch die Wünsche, Erwartungen, das Morgen und sogar die Sehnsucht. Manchmal wird dieses „geistige" Gepäck erst beim Gehen leichter. Gelassenheit macht sich bemerkbar. Es ist diese umfassende Einfachheit, die auf die Seele wie ein tiefes Aufatmen wirkt.

2. Gehen

Pilgern muss nicht unbedingt im Gehen sein. Es gibt Pilger, die fahren mit dem Rad, reiten mit dem Pferd oder nehmen den Bus. Gehen aber ist die ursprünglichste und immer noch die erlebnisintensivste Form des Pilgerns. Sie ermöglicht eine tiefe Begegnung mit der Natur und auch der Kultur. Mit jedem Schritt wird einem die Natur vertrauter, und mit jedem Tag wird man mehr zu einem Teil von ihr. Gehen ist außerdem mehr als eine reine körperliche Tätigkeit. Gehen bewegt Körper, Geist und Seele in gleichem Maße und hat immer auch eine spirituelle Dimension. Für viele ist Gehen daher eine besondere Herangehensweise; für vielerlei. Immer wieder erzählen Pilger, wie „frei" und „klar" ihr Kopf beim Gehen wird und sich dadurch oft ganz neue Blickwinkel auftun. Selbst in unserem täglichen Sprachgebrauch verwenden wir häufig Redewendungen, die mit Gehen in Verbindung stehen: „zu weit gehen", „einen neuen Weg einschlagen", „es geht bergauf", „den ersten Schritt tun" usw. Dies ist kein Zufall, denn von klein auf ist Gehen unbewusst mit grundlegenden menschlichen Erfahrungen verbunden, etwa mit persönlicher Freiheit und Reife. Gehen hat aber nicht nur für Pilger diese Bedeutung und Kraft. Selbst wer regelmäßig mit seinem Hund spazieren geht oder gerne lustige Wanderungen unternimmt, ganz ohne spirituelles Motiv, kommt in den Genuss der unzähligen Vorzüge dieser Fortbewegungsart. Es gibt genügend Studien darüber, wie positiv Gehen wirkt. Von der Krebsprophylaxe über die Verbesserung des Immunsystems, des Stoffwechsels und des Herz-Kreislauf-Systems bis hin zur Stärkung von Skelett und Muskulatur; ganz zu schweigen von den Erfolgen bei psychischen Erkrankungen wie Depressionen, Burn-outs oder Stress. Kurzum: Gehen entspannt, macht glücklich und ist gesund. Pilgernd oder nicht.

3. Erleben

Die intensivste Begegnung, die wohl jeder Pilger auf seinem Weg macht, ist jene mit der Natur. Immerhin hält er sich tagelang in ihr und mit ihr auf. Die Natur hat die Kraft, uns zu ergreifen, zu heilen und zu verändern – dies ist eine Erkenntnis, zu der Menschen aus allen Kulturen gekommen sind. Auch die Psychologie hat längst die wohltuende Wirkung der Natur entdeckt. Der Anblick von Bäumen, Wiesen, Feldern reduziert Stress, schenkt positive Gefühle, entspannt, fördert die Kreativität und erhöht die Konzentration. Unbewusst wissen wir das schon lange. Nicht umsonst leben und meditieren Mönche, Mystiker oder Schamanen seit Jahrhunderten an besonderen Plätzen und Kraftorten in der Natur. Auch Kinder verbringen intuitiv ihre Zeit am liebsten im Freien, bei Wind und Wetter. Die Natur ist wie ein geduldiger, stiller, unverrückbarer Ruhepol. Sie schenkt Geborgenheit, Trost und spendet großzügig Kraft. Ein häufiges Motiv für eine Pilgerreise ist die Suche nach sich selbst und seinem ganz persönlichen Sinn. Hier hilft es, sich zu öffnen, seine Sinne neu zu entdecken, seine spirituellen Antennen auszufahren und eine neue Wahrnehmung zu spüren. Die Natur ist dafür eine dankbare Unterstützung. Vielleicht fördert sie einen „Schatz" zutage, wenn man wieder mit ihr in Kontakt tritt: hin und wieder stehen bleibt, schaut, staunt, riecht, horcht, auch mal langsam und achtsam geht, den Boden unter seinen Füßen spürt, den Zauber der Schöpfung mit allen Sinnen erlebt und sich innerlich wie äußerlich berühren lässt. Diese Offenheit macht einen insgesamt empfänglicher und dankbarer. Auch für andere „echte" Begegnungen: mit Menschen am Weg, mit Ortsansässigen, mit Traditionen, mit Mitpilgern. Diese in Ruhe und bewusst erleben zu dürfen, ist das Wertvolle an einer Pilgerreise.

4. Verändern

Die Chance auf Veränderung ist wie ein Grundprinzip des Pilgerns. Das einfache Leben, das stetige Voranschreiten, die vielen neuen Blickwinkel, der intensive Kontakt mit der Natur, die Begegnungen am Weg, ja selbst die Strapazen und nicht zuletzt die eigene Offenheit, sich auf alles, was ist, einzulassen – das sind Gründe dafür, warum eine Pilgerreise verändert. Dieser Wandel in sich selbst, der ganz gemächlich, fast unmerkbar und Schritt für Schritt entsteht, birgt auch das Potenzial einer echten Erneuerung. Veränderung allerdings ist nicht etwas, das man sich vornehmen kann, wie ein Ziel. Veränderung passiert. Wenn man sie zulässt und empfängt. Sie ist wie ein Geschenk. Das können unsere kleinen Macken sein, die wir daheim so schön pflegen und die an Bedeutung verlieren; das kann eine ganz neue Achtsamkeit sein oder eine tiefe Dankbarkeit; das kann geistige Klarheit in einer bestimmten Angelegenheit sein oder endlich die ersehnte Gelassenheit; viele spüren plötzlich eine starke Kraft in sich und neuen Mut, andere machen einen Fortschritt in einem persönlichen Prozess. Wie, wann und warum Veränderung passiert, das liegt nicht in unserer Hand. Wohl aber, dass wir bereit sind, uns verwandeln zu lassen.

5. Ausdauern

Wer täglich viele Stunden geht, womöglich über Wochen, erlebt seinen Körper völlig neu. Er erfährt ihn intensiv und begreift ihn dankbar wie ein Wunder. Was er ja auch ist. Ein Pilger macht mit seinem Körper wieder das, wofür er eigentlich geschaffen ist: Gehen. In diesem Ausmaß ist er das aber vielleicht nicht gewohnt. Die ersten Schmerzen tauchen auf. Oftmals „nur" Blasen, die einem das Gehen ebenso verleiden können; es können aber auch Muskel- oder Gelenkschmerzen sein, offene Wunden, ein übler

Durchfall oder der peinlich rote Sonnenbrand im Gesicht, die ernsthaft ans Aufhören denken lassen. Meist stößt man aber nicht nur körperlich an seine Grenzen, sondern bald auch psychisch. Plötzlich weiß man nicht einmal, warum man diesen Pilgerweg überhaupt gehen wollte, sieht alles schwarz und möchte am liebsten sofort heimfahren. Man steckt also in einer Krise, aber – und das darf jetzt wirklich beruhigen – in einer typischen Pilgerkrise. Alles ist noch im grünen Bereich; es besteht kein Grund aufzugeben. Jetzt ist echte Ausdauer gefragt. Durchhaltevermögen. Jede Krise hat natürlich individuelle Ursachen, es gibt aber Parallelen: Vielleicht hat man sich selbst überschätzt und zu viel abverlangt, möglicherweise hat man auch die Erwartungen zu hoch gesteckt oder sich die Reise allzu romantisch ausgemalt oder man hat eine Sinnkrise, sieht sein persönliches Ziel als nicht erreichbar oder überflüssig. Aber all diese Probleme haben noch etwas gemeinsam: sie sind nur vor-läufig und vergehen wieder. Auf Regen kommt Sonne, auf Schmerzen Freude. Man muss sich nur immer wieder neu vom Geist des Weges anstecken lassen. Vielleicht braucht man auch ein neues inneres Ziel. Pilger befinden sich in einem Ausnahmezustand. Sie befreien Körper, Geist und Seele vom Ballast der Vergangenheit. Diese Entschlackungskur mag lange und beschwerlich sein, aber sie putzt tatsächlich gründlich durch. Die Ausdauer lohnt sich in jedem Fall.

6. Ankommen

Beim Pilgern gibt es ein Weggehen und ein Ankommen, einen Start und ein Ziel. Nicht nur ein äußeres Ziel, sondern auch ein inneres. Dazwischen liegt der Weg, der – wie ein bekanntes Sprichwort sagt – bekanntlich das eigentliche Ziel ist. Denn am Weg passiert oft bereits das, was man sich wünscht: die innere Veränderung. Sei dies ein Sich-selbst-Näherkommen, ein Gott-Näherkommen, ein Gefühl von Ganzheit und Verbundenheit oder konkrete Fortschritte in einem Prozess. Noch vor dem eigentlichen Ankommen hat man also sein Ziel vielleicht schon erreicht. Dennoch verliert das äußere Ankommen nicht an Kraft. Obwohl die erwartete Euphorie oft ausbleibt. Je länger eine Pilgerreise dauert, desto mächtiger kann das Pilgerziel werden. Täglich hat man es als leuchtendes Motiv vor Augen, in Krisen wird es wie ein magisches Bild heraufbeschworen. Und dann, wenige Tage oder Stunden davor? Zerrissenheit macht sich breit. Soll man sich freuen oder eher traurig sein, weil es vorbei ist? Ist man dem Ziel schon gewachsen? Ist man bereit für den Alltag? Wartet ein Hochgefühl oder die Ernüchterung? Seit alters her scheint es Brauch gewesen zu sein, kurz vor dem Ziel noch einmal anzuhalten und sich als Hilfskraft zu verdingen. Nicht nur um Geld für den Rückweg zu haben, sondern um sich auf das Ankommen einzustimmen. Auch heute ist vor dem Erreichen vieler Pilgerorte eine Art Innehalten vorgesehen, etwa die Reinigung in einem Bach. Dies ist ein spirituelles Zeichen: ein neuer Mensch kommt an. Am „heiligen" Ziel dann reagiert jeder anders: Manche jubeln, andere weinen, die einen sinken zu Boden, wieder andere werden traurig, und bei einigen bleibt gar jedes Gefühl aus. Vielleicht kommt irgendwann so etwas wie Stolz auf, es tatsächlich geschafft zu haben. In jedem Fall aber weiß man: Nach jedem Ankommen beginnt ein neuer Weg.

7. Weiterleben

Von Augustinus stammt der schöne Vergleich, dass die Pilgerreise eine Metapher für das Leben sei. Diese Aussage lässt schöne Interpretationen zu. Im typischen Bild des einsamen Fremden etwa mag sich der eigene Weg spiegeln: An jedem einzelnen Tag brechen wir auf zu einer neuen Etappe. Wir erleben Schönheit und Freude, halten an, um zu genießen, und müssen doch wieder weitergehen. Wir erfahren Schmerzen und Entbehrungen, finden Unterstützung und setzen den Weg fort. Manchmal sind wir von Orten begeistert, lassen uns nieder und vergessen für eine Weile, dass wir noch ein Stück des Weges vor uns haben. Mal müssen wir mühsam Berge erklimmen, mal laufen wir leichtfüßig bergab. Auch wenn das Ziel schemenhaft ist, so gibt es uns doch Kraft, uns immer wieder aufzuraffen. Bei Enttäuschung ebenso wie bei den scheinbar nie enden wollenden Strecken. Wer pilgert, kennt solche Bilder; er ist gewachsen an ihnen. Am Ende jeder Reise ist man dann voller Vorsätze, will seine Eindrücke, seine Energie und seine Verwandlung mit in den Alltag nehmen. Am besten gelingt dies, indem man auch zu Hause einmal ganz bewusst auf „Pilger-Modus" umschaltet: innehalten, schauen, staunen, achtsam bleiben, dankbar sein, den Körper spüren, reinhorchen, sich eine klitzekleine Auszeit gönnen, heilige Räume suchen und die Stille genießen. Auch in dieser Sicht ist Pilgern ein Lebens-Weg. Ein tägliches Sich-auf-den-Weg-Machen, um irgendwann ganz bei sich anzukommen.

Ein paar Worte zur Planung

Wer sich auf eine Pilgerreise begibt, will sich ganz bewusst dem Weg übergeben und dem, was kommt, vertrauen. Detaillierte Planung scheint diesen Prozess zu untergraben. Dennoch bedarf es eines Mindestmaßes an Vorbereitung, und dafür gibt es nun ein paar Tipps. Sportlich muss sich ein Fußpilger nicht besonders vorbereiten. Gesunde Menschen sind in der Lage, über längere Distanzen zu gehen und einen Rucksack zu tragen. Die Übung stellt sich nach und nach am Weg ein. Wichtig ist, dass die Schuhe gut eingegangen sind. Für längere Pilgerreisen mag es hilfreich sein, sich mental vorzubereiten; auch dass man an seine Grenzen stoßen wird. Zum Beispiel, indem man sich so richtig in die Reise hineinträumt, sich auch schwierige Situationen vorstellt und diese gedanklich auflöst.

Das zentrale Thema in der Planung ist das Rucksack-Packen. Jedes kleinste Ding will wohl überlegt sein. Als Faustregel gilt, dass ein Rucksack inklusive Proviant rund zehn Prozent des Körpergewichts wiegen darf, bei längeren Reisen können es ein bis zwei Kilogramm mehr sein. Diese Grenze ist schnell erreicht! Die meisten packen den Rucksack daher mehrmals: ein, aus, ein, aus – bis sie mit Gewicht und Inhalt gleichermaßen zufrieden sind. Letzten Endes zeigt die Erfahrung immer wieder, dass jeder zu viel einpackt. Ein Beispiel zur Orientierung mag aufschlussreich sein: selbst für eine wochenlange Pilgerreise werden bei Socken/Unterwäsche nur zwei Paar Wandersocken und drei Unterhosen empfohlen. Was hätten Sie da geplant?

Wie die Packliste im Einzelnen aussieht, hängt von der Jahreszeit, der Länge der Reise und der Art der Unterkunft ab – einen Schlafsack braucht man nicht in jedem Fall. In vielen Pilgerführern findet man Vorschläge für Packlisten, auch mit Empfehlungen zu persönlichen Dingen wie Handys, GPS, Kamera, Ladegeräte, Bücher etc. Gerade bei den technischen Accessoires gehen die Meinungen stark auseinander. Wenn auch Sie im Zwiespalt sind, vielleicht hilft es Ihnen, sich zu fragen: Was erwarte ich mir von diesem Weg, und ist dieses Ding dabei hilfreich? Meistens spürt man die richtige Antwort schnell. Für „Notfälle" gibt es immer noch den goldenen Mittelweg: etwa das Handy zwar eingepackt, aber ausgeschaltet haben.

Dieser „goldene Mittelweg" führt zu einem abschließenden, durchaus humorvollen Weg-Weiser: Wie wichtig ein Lebensabschnitt auch ist, man soll immer eine gewisse Leichtigkeit behalten. Wie meinte schon Marie von Ebner-Eschenbach? „Nimm das Leben nicht allzu ernst, du kommst am Ende ja doch nicht lebend davon."

»Für mich ist es ein Abenteuer. Eines, das Kraft gibt. Das spüre ich jetzt schon.«

Maria Soukup-Giendl

Loslassen und sich den Strömungen des Lebens anvertrauen

Vier Jahre lang sparte Maria Soukup-Giendl, um sich zu ihrem 50. Geburtstag ein Jahr lang eine Auszeit zu nehmen. Sie machte sich auf die Suche nach der Frau in ihr, die zum Vorschein kommt, wenn sie einmal nicht leistet und die Bedürfnisse anderer erfüllt. Das Pilgern war ihr ein Auftakt zum Staunen, Innehalten und Sich-Spüren. Sie radelte die 450 Kilometer von Passau bis Weissensee im September.

1. TAG: Es geht los. Mein erster Schritt: Abschied von zu Hause und Anreise. Meine Radtaschen sind nur halb voll. Diesmal möchte ich ganz bewusst wenig Gepäck bei mir haben. Die Verantwortung für all das, was mich zu Hause umgibt, habe ich losgelassen. Es gibt nur mich und meine Bedürfnisse!

2. TAG: Freudig und doch unruhig starte ich in Passau. Es dauert fast den ganzen Tag, bis ich mein Tempo finde. Es ist die Unsicherheit darüber, was auf mich zukommt, die mich so unruhig macht. Zu Mittag finde ich ein schönes Platzerl am Damm des Inns zum Jausnen. Später in Braunau gönne ich mir einen Espresso und ein Stück Torte. Viel Lärm! Ich mache mich weiter auf den Weg am Inn-Damm. Hier ist es ruhig, gespenstisch ruhig sogar. Meine Gedanken höre ich so besser: verlangsamen und durchatmen, in Ruhe um mich schauen – dabei kann ich mich selbst so richtig spüren. Mittlerweile heizt mir die Sonne ordentlich auf den Kopf, das Treten wird mühsam. Noch 13, zwölf, elf ... Kilometer bis Burghausen. Die Jugendherberge ist geschlossen. Ich steige in einem Nobelschuppen ab. Gut, schlafe ich heute eben luxuriös. Ich bin dankbar für meinen Körper, der mich das alles erleben lässt.

3. TAG: Strahlend blauer Himmel, hochsommerliche Temperaturen – was für ein Tag! Heute bin ich ruhiger, so als wäre ich bereits gewöhnt daran, allein unterwegs zu sein. Es tut mir gut. Obwohl es mir einiges an Mut abverlangt hat, mich alleine auf den Weg zu machen. Für mich ist es ein Abenteuer. Eines, das Kraft gibt. Das spüre ich jetzt schon. Ein Sieben-Kilometer-Umweg reißt mich aus meinen Gedanken. Trotzdem bin ich beim Weg-Suchen besser als gestern. Alles ist heute selbstverständlicher, sogar die Landschaft fühlt sich vertraut an. Ich radle mit Aussicht auf die Berge, schön ist das. Nur beim Bergaufradeln schimpfe ich, das wenige Gepäck hängt sich dann doch an. Beim Bergabfahren dafür juble ich wie ein übermütiges Kind. Ich liebe es, wenn mir der Fahrtwind um die Ohren braust! Es ist unglaublich, wie schnell sich Glück breit macht. Ich fühle mich so richtig kraftvoll, energiegeladen und zufrieden. Ich schaue den Wolken zu, wie sie über den Himmel ziehen. Sie verändern immer wieder ihre Form, sie überlassen sich den Strömungen des Himmels. Ein schönes Symbol fürs Leben. Tut es gut, mich den Strömungen des Lebens zu überlassen?

»Die Verantwortung für all das, was mich zu Hause umgibt, habe ich losgelassen. Es gibt nur mich und meine Bedürfnisse.«

Maria Soukup-Giendl

4. TAG: 40 Kilometer fast ausschließlich Bundesstraße, Schwerverkehr, viele Steigungen, eine unwegsame Gegend. Dazu diese Enge – links und rechts hohe Berge – und Nieselregen. Ich bin missmutig, kurz verwünsche ich meine Idee, auf Pilgerschaft zu gehen. Trotz voller Strampelkraft komme ich nur sehr schwer weiter. Nach Wittau und Eben folgt eine kurze, feine Strecke bis Altenmarkt. Das Tal wird wieder weiter. Gut. Die Strecke führt mich über Untertauern. Dort entschließe ich mich, ein wenig zu „schummeln" und nehme ein Taxi bis Obertauern. Nicht so sehr, damit ich mir den steilen Weg erspare, sondern die verkehrsreiche und gefährliche Strecke. Die Abfahrt dann lohnt sich sehr. Ich fahre durch einige Tunnels. Gut, dass ich mein Fahrradlicht dabei habe. Weiter nach Mauterndorf, immer bergauf. Durchhalten, nur nicht aufgeben, bald habe ich mein Etappenziel geschafft. Die Weite bei Mariapfarr empfängt mich direkt liebevoll und lädt mich ein zu verweilen.

5. TAG: Ich starte im Nebel bei acht Grad, radle über die Nockalmstraße hoch hinaus und lege dabei eine Menge Höhenmeter zurück. Am höchsten Punkt bei Schönfeld treffe ich eine Frau mit ihrem 84-jährigen Vater. Sie sitzen auf einer Bank, haben ein Liederbuch dabei und laden mich ein, Platz zu nehmen. Wir singen gemeinsam. Was für eine berührende Begegnung. Ich verabschiede mich und fetze 20 Kilometer bergab. Die gesamte Strecke der Nockalmstraße ist wenig befahren und landschaftlich sehr beeindruckend. Von Kremsbrücke bis Spittal geht es auf der stark befahrenen, engen Bundesstraße weiter. Ich muss mich konzentrieren. Ankunft in Spittal bei 31 Grad. Unglaublich dieser Temperaturunterschied! Eisige Finger in der Früh, brennende Sonne am Nachmittag – das habe ich hautnah gespürt, im wahrsten Sinne des Wortes.

6. TAG: Ich bin am Ziel! Hier am Weissensee lasse ich meine Pilgerreise ausklingen. Es ist ein wunderbarer Ort dafür. Man hat das Gefühl, die Welt ist in ihrer ganzen Schönheit stehen geblieben. Im milden Licht der Spätsommersonne erscheint vieles so sanft und warm. Auch ich bin im Spätsommer meines Lebens angelangt. Dankbar schaue ich auf erfüllte Jahre zurück und blicke gleichzeitig freudig in die Zukunft. Meine Seele ist unendlich still und erfüllt.

Zur Person

Maria Soukup-Giendl, Lehrerin und Supervisorin, lebt in Graz und hat vier Kinder. Dies war ihre erste „richtige" Pilgerreise. Sie hat sich schon immer gerne tageweise zurückgezogen, geht dann auch wandern oder Rad fahren. Beim Gehen wird ihr Kopf frei, sie erlebt die Natur als heilsam für Körper, Seele und Geist und empfindet die Natur immer als stimmig, ob es nun schneit oder die Sonne scheint. Das Pilgern hat zusätzlich ihr Vertrauen in sich selbst gestärkt. Für Frau Soukup-Giendl war es wichtig zu spüren, dass sie mit sich selbst das Auslangen hat und alles meistern kann.

DER DONAU-ALPEN-ADRIA-PILGERWEG

Der Donau-Alpen-Adria-Pilgerweg geht auf eine Initiative des Pfarrers Herbert J. Schmatzberger zurück, der wichtige Marien-Wallfahrtsorte zwischen der Donau, den Alpen und der Adria für Radpilger erschließen wollte. Seit 2003 führt er Radpilgerfahrten durch. Die Strecke führt von Passau bis Grado und umfasst gesamt 575 Kilometer. Diese Route ist in fünf bis sieben Tagesetappen zu bewältigen, je nach individuellem Tempo. Maria-Soukup-Giendl ist in fünf Tagen von Passau bis Weissensee geradelt und hat dabei 450 Kilometer zurückgelegt.

GEGANGENE ROUTE

ETAPPE 1

Passau – Burghausen

LÄNGE: 90 km

FAHRZEIT: 4,5 h

SCHWIERIGKEITSGRAD: einfach

ETAPPE 2

Burghausen – Golling

LÄNGE: 100 km

FAHRZEIT: 5 h

SCHWIERIGKEITSGRAD: einfach

ETAPPE 3

Golling – Mariapfarr

LÄNGE: 95 km

FAHRZEIT: 6 h

SCHWIERIGKEITSGRAD: schwierig, viele Höhenmeter

ETAPPE 4

Mariapfarr – Spittal

LÄNGE: 85 km

FAHRZEIT: 5 h

SCHWIERIGKEITSGRAD: anspruchsvoll, wiederum viele Höhenmeter

ETAPPE 5

Spittal – Weissensee

LÄNGE: 34 km

FAHRZEIT: 1,5 h

SCHWIERIGKEITSGRAD: mittel, vom Ostufer mit dem Schiff nach Paterzipf, damit ich mir die heftige Bergetappe erspare

PERSÖNLICHE ERINNERUNGEN

MEIN WICHTIGSTES ACCESSOIRE

Salzmandeln! Die habe ich stets griffbereit in meinem Lenkertascherl. Zum einen als physisches Kraftfutter und gegen den Salzverlust, zum anderen und vor allem als Erinnerung an meine Lieblings-Großmutter in der Funktion eines Schutzengels.

BESONDERE ORTE

Im Grund jeder einzelne Bauernhof am Weg. Die Herzlichkeit der Bauern war wunderbar, und ich bin reichlich mit Obst und Gemüse versorgt worden.

SPEZIELLER TIPP

Meine Endstation am 6. Tag war der Sonnenhof-Raderhof, der schönste Platz am See mit einem zauberhaften Badeplatz.

ALLGEMEINE INFOS

Radkarte und nähere Infos unter: *www.alpe-adria-radweg.com, www.pilgerwege.at*

KARTENMATERIAL

Tauernradweg und Alpen-Adriaweg, aus der Serie bike-line.

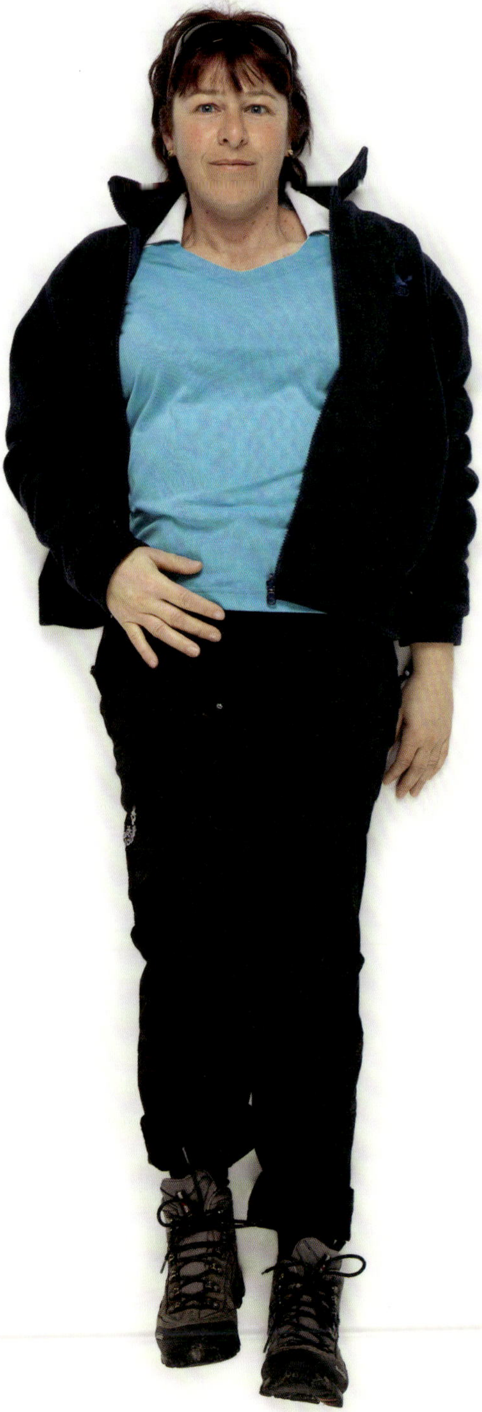

»Bei den einzelnen Stationen legen die Leute Steine ab, als Symbol dafür, die eigenen Sorgen auf diese Weise loszulassen. Wer dreimal die Glocke läutet, dem geht ein Wunsch in Erfüllung.«

Paula Mülleder

Erinnerungen in Türkis

Der Tod ihres Ehemannes ist schon Jahre her. Dennoch ist noch nicht alles abgeschlossen. Paula Mülleder machte sich auf den Weg, um loszulassen und diesen Tod aufzuarbeiten. Anfang Oktober pilgerte sie von St. Gilgen bis Strobl, ganz in der Nähe des ersten gemeinsamen Campingurlaubes vor über 30 Jahren.

1. TAG: Ich bin etwas zu spät, als ich in St. Gilgen starte. Das heißt, den Gottesdienst mit dem Pilgersegen im Europakloster Gut Aich kann ich vergessen. Neun Uhr ist schon vorbei. Ich gehe hastig los, verirre mich. Die richtige Beschilderung des St.-Rupert-Pilgerweges beginnt erst beim Europakloster. Meine Stimmung ist wie das Wetter: nebelig und trüb. So will ich nicht pilgern; ich atme tief durch und gehe von nun an langsamer. Meine Stimmung bessert sich, auch das Wetter. Der Nebel hat sich aufgelöst und die Sonne scheint. Nach der ersten Rast und einem stillen Gebet in der Kirche setze ich gestärkt meinen Weg fort. Ich freue mich über jedes Schild mit dem gelben Kreuz auf lila Hintergrund.

Es wird immer wärmer. Ein wunderschönes Panorama mit Blick auf den Wolfgangsee liegt vor mir. Von Fürberg aus geht es bergauf zum Falkenstein. Ein Weg mit allen Kreuzwegstationen. Bei den einzelnen Stationen legen die Leute Steine ab, als Symbol dafür, die eigenen Sorgen auf diese Weise loszulassen. Wer dreimal die Glocke läutet, dem geht ein Wunsch in Erfüllung. Ein Stückchen weiter kann man die Augen mit Heilwasser auswaschen, hilft gegen Augenkrankheiten.

Ich sehne mich nach Stille. Inzwischen hat es mehr als 20 Grad. Ich trinke viel Wasser. Über den Riederersteig komme ich zum nächsten Kalvarienberg. Auf einer Bank vor der Kirche genieße ich die herrliche Aussicht auf St. Wolfgang und spüre Wärme am ganzen Körper. Dankbarkeit und Zufriedenheit macht sich breit und füllt mich aus.

Der Weg geht sehr abwechslungsreich weiter. Teils durch schattigen Wald, dann wieder über schön gepflegte Wiesen, entlang von Weiden oder durch Dörfer mit liebevoll renovierten Häusern. Mein Ziel des ersten Tages, den Ort Strobl, erreiche ich über den Bürglsteig, ein stimmungsvoller Weg auf

Holzpfählen. Immer wieder schaue ich fasziniert auf den Wolfgangsee. Das Wasser ist türkis und ganz ruhig.
Der Weg führt nahe an einem Campingplatz vorbei. Ich versinke in Erinnerung an schon längst vergangene Jahre. Hier verbrachte ich meinen ersten Urlaub mit Ernst, meinem vor acht Jahren verunglückten Ehemann. Ich war damals 17 Jahre alt. Wir waren ein junges, verliebtes Paar. Seit diesem Urlaub sind fast 30 Jahre vergangen. Wo ist die Zeit hingekommen? Aber gerade an diesem Ort spüre ich, Ernst ist gegenwärtig und hilft mir, meinen Weg im Leben weiterzugehen. Außerhalb von Strobl finde ich ein Einzelzimmer samt Frühstück um 27 Euro (Familie Baumgartinger). Ich bin müde, aber auch sehr zufrieden.

»Es tut gut, ein bisschen zu schwitzen, das Singen der Vögel zu hören oder den leichten Wind im Gesicht zu spüren.«
Paula Mülleder

2. TAG: Ich will so rasch wie möglich von Stress und Lärm wegkommen. Meine Wasserflasche befülle ich beim Brunnen vor der Kirche. Dieser Brunnen ist dem Wasser und dem Wind gewidmet. Das Gelände wird steiler. Es tut gut, ein bisschen zu schwitzen, das Singen der Vögel zu hören oder den leichten Wind im Gesicht zu spüren. Solange ich gut bei Fuß bin, will ich das ausnutzen und noch viele Wege zu Fuß oder mit dem Fahrrad zurücklegen. Laut Wegbeschreibung beträgt der Aufstieg 14 Kilometer, und 800 Höhenmeter sind zu bewältigen. Obwohl ich bewusst langsam gehe, gewinne ich rasch an Höhe. Bereits um 14 Uhr erreiche ich die Postalm.
Auf der Schmitzhofalm ist jeder Sitzplatz besetzt. Hunger habe ich noch nicht, und Wasser habe ich in meiner Trinkflasche. Der herrliche Sonnenschein lädt mich zu einem Mittagsschläfchen ein. Ganz oben nach einer steilen Almwiese steht eine verlassene Hütte mit einer Bank auf der „Sunnseitn". Was gibt es Schöneres, als die Schuhe auszuziehen, Quellwasser zu trinken, die wärmende Sonne zu spüren und ein Schläfchen zu machen? Ich nicke für eine halbe Stunde ein. Von zwei Hütten dringt Geigen- und Ziehharmonikamusik zu mir. Meine Lebensgeister erwachen. Der nächste Gedanke ist, nach einem Schlafplatz zu schauen. Bei der „Blonden Hütte" werde ich fündig.
Bis zum Sonnenuntergang wandere ich quer über die Postalm. Ich halte Ausschau, wo der St.-Rupert-Pilgerweg weitergeht. Der ganze Weg ist über 300 Kilometer lang und führt zum Grab des Hl. Rupert in Bischofshofen. Allzu gern wäre ich weitergegangen, das Pilgern tut mir gut. In der Hütte ist es mittlerweile still geworden. Jetzt will ich nur noch eine Buttermilch trinken, dann Tagebuch

schreiben. Allerdings werde ich zu einer geselligen Runde gebeten und setze mich dann doch gerne dazu. Es tut mir gut, so nett aufgenommen zu werden. Und sie bewundern mich dafür, dass ich alleine unterwegs bin.

3. TAG: Es ist wieder ein sonniger Tag. Ich verlasse die Postalm auf dem gleichen Weg, wie ich gekommen bin. Plötzlich habe ich es eilig, ins Tal zu kommen. Ich denke an daheim und freue mich auf Haus, Hof, meinen Lebensgefährten und meine zwei erwachsenen Kinder. Als ich in Strobl ankomme, wartet bereits ein Schiff, mit dem ich nach St. Gilgen fahre. Nochmals genieße ich den frischen Fahrtwind und bin dankbar für das Erlebte.

Zur Person

Paula Mülleder ist Teilzeit-Mitarbeiterin in einem Linzer Immobilienbüro. Sie wohnt in Bad Leonfelden auf einem Bauernhof: mit viel Wald- und Grundfläche, aber ohne Tiere. Vor neun Jahren verunglückte ihr Mann tödlich, mit dem sie auch zwei Töchter hat. Seit fünf Jahren lebt sie in einer neuen Partnerschaft. Für die Naturliebhaberin ist Gehen wie Meditation, sie liebt Berg- und Hügellandschaften, sucht die Ruhe und lässt sich von der Natur stets neue Kraft geben. Sie geht immer wieder von Leonfelden nach Linz auf den Pöstlingberg, ist schon zweimal mit dem Fahrrad nach Mariazell gefahren und möchte gerne einmal eine längere Pilgerreise unternehmen.

DER ST.-RUPERT-PILGERWEG

Den St.-Rupert-Pilgerweg gibt es seit 2007. Er erinnert an den Heiligen Bischof Rupert und vermittelt seine Christianisierung von Salzburg und Bayern im 7. und 8. Jahrhundert nach Christus. Der offizielle Pilgerweg beginnt oder endet in der Gnadenkapelle des Marienwallfahrtsortes Altötting, die Rupert erbaut oder aus einer heidnischen Kapelle in eine christliche Taufkapelle umgewandelt haben soll. Insgesamt führt der Weg über 368 Kilometer markierter Wege von Altötting bis Bischofshofen und ist in 17 Tagesetappen aufgeteilt. Es gibt mehrere Routenmöglichkeiten, zwei Sieben-Tages-Etappen und eine Drei-Tages-Etappe. Der Wegverlauf ist gut beschildert und verläuft großteils auf nicht asphaltierten Wanderwegen. Paula Mülleder war drei Tage unterwegs. Sie startete in St. Gilgen und ging bis zur Postalm.

GEGANGENE ROUTE

ETAPPE 1

St. Gilgen – Strobl

LÄNGE: 16 km
HÖHENMETER: 800 m
GEHZEIT: 6 h (inkl. Pausen)
SCHWIERIGKEITSGRAD: leicht

ETAPPE 2

Strobl – Postalm

LÄNGE: 13 km
HÖHENMETER: 800 m
GEHZEIT: 5 h (inkl. Pausen)
SCHWIERIGKEITSGRAD:
leicht bis mittel

ETAPPE 3

Postalm – Strobl retour

LÄNGE: 13 km
HÖHENMETER: 800 m bergab
GEHZEIT: 3 h
SCHWIERIGKEITSGRAD: leicht

Dann mit dem Schiff zurück zum Ausgangsort St. Gilgen.

PERSÖNLICHE ERINNERUNGEN

MEIN WICHTIGSTES ACCESSOIRE

Ein blau-weißes Kopf-/Schweißtüchlein mit der Aufschrift „aufbrechen auf Christus schauen". Es stammt vom Papstbesuch in Mariazell im Jahr 2007. Es ist mein persönliches Pilgersymbol und sehr vielseitig zu verwenden: als Stirnband, als Sonnenschutz, als Zierde am Rucksack oder als kleines Tischtuch für die Jause am Wegesrand.

BESONDERE ORTE

Überall am Weg gibt es eigentlich sehr nette Pilger-Gedenkstätten wie Marterln und Holzkreuze. Ein wunderschönes Panorama und Ruhe pur habe ich auf der Postalm genossen. In sehr guter Erinnerung habe ich auch noch den Weg Bürglsteig: ein Holzsteg auf Pfählen, der nach Strobl führt.

SPEZIELLER TIPP

Der markierte Weg verläuft leider außerhalb von St. Wolfgang. Das nächste Mal würde ich einen kleinen Umweg machen und den Ort besuchen.

ALLGEMEINE INFOS

Genaue Wegbeschreibungen und Tipps für Besichtigungen gibt es ebenfalls unter *www.pilgerwege.at*

»Die Freundlichkeit der Leute hat uns über den zum Teil mühsamen Weg hinweggetröstet.«
Regina Mayer-Uitz

High five, Mama!

Eine gemeinsame Pilgerreise bei wichtigen Lebensübergängen – das machte Regina Mayer-Uitz bereits einmal, bei der Matura ihres Sohnes. Diesmal nahm sie ihre Tochter mit auf den Pilgerweg. Denn nach Hannahs Matura gehen Mutter und Tochter neue Wege – jede für sich. Regina Mayer-Uitz ging Anfang September von Wels nach Frankenmarkt.

1. TAG: Rucksack auf den Schultern, Stöcke in den Händen. Unseren Weg starten wir in der Welser Stadtpfarrkirche, um ein Kerzerl – unsere Glückskerze – zu entzünden. Danach steuern wir auf die Traun zu, und schon sind wir auf dem Jakobsweg. Jetzt mal mit Blick auf den Traunstein. Der Weg durch die Au ist ruhig und sehr gut zu bewältigen. Wir wandern im Wald, auf der Straße, neben Häusern, vorbei an Pferden. Wir haben viel zu reden – über die Schule, Freunde, Kindheit, Erlebtes und die Zukunft. Es ist sehr entspannt. Viel entspannter als in der Zeit vor Hannahs Matura. An bestimmten Lebenspunkten, die eine Wende sind, scheint mir Pilgern als Rückblick, Entscheidungshilfe und Lebensquell sehr wichtig. Wir sind sehr froh, dass wir diesen Weg zusammen gehen. Nach der Matura meines Sohnes Raphael haben wir Ähnliches gemacht. Damals sind wir als Familie von Zwettl nach Mariazell gepilgert.

Wir bezwingen ein schweißtreibendes Asphaltstück (30 Grad) und erreichen unser heutiges Ziel: Lambach. Nach einer Dusche in unserem Quartier „Zum grünen Baum“ besichtigen wir das Stift. Die Kirche ist leider abgesperrt. Wir können sie nur von außen bewundern. Schade. Dafür sehen wir Beschriftungen, die von Diebstählen abhalten sollen, wie „Gott sieht alles“ – das wirkt sehr befremdend auf uns.

2. TAG: Von Lambach bis Schwanenstadt verläuft der Weg dann wieder großteils am Wasser. Sand, Schotter, Asphalt und ein Radweg wechseln sich ab. Neidisch könnte man auf die Radfahrer werden, wenn es längere Zeit nur eintönig geradeaus geht und der Weg dann sehr mühsam ist. Vor allem wenn einem die Sonne auf den Kopf brennt und kein Schatten in Sicht ist. „Hannah, das heißt nicht Schwanensee, sondern Schwanenstadt!“, versuche ich meiner Tochter zu erklä-

ren. Ihre Antwort: „Für mich bleibt's Schwanensee!“ Nach einer kleinen Obstpause in „Schwanensee“ wechsle ich meine verschwitzten Hosen, jetzt geht es gleich besser weiter Richtung Vöcklabruck. Der Asphalt unter unseren Füßen glüht, es ist unvorstellbar heiß! Der Weg ist nicht sehr anspruchsvoll – Güterwege, Radwege, wenig Landschaft, nur gehen. Das leichte Gepäck wird immer schwerer, und die RadfahrerInnen ziehen flott an uns vorbei.

Der Weg bis zur nächsten Biegung zieht sich. Wir erreichen Vöcklabruck! Eine Rast ist nun dringend nötig. Wir haben schnell unser Quartier, das „Hotel zum Auerhahn“, gefunden. Sehr nett, freundlich und günstig. Am Abend besichtigen wir noch das Kloster. Heute sind uns sehr viele helfende, fragende, lächelnde und vor allem grüßende Leute begegnet. Die Freundlichkeit der Leute hat uns über den zum Teil mühsamen Weg hinweggetröstet. Und uns außerdem stark beeindruckt.

»An bestimmten Lebenspunkten, die eine Wende sind, erscheint mir Pilgern als Rückblick, Entscheidungshilfe und Lebensquell sehr wichtig.« *Regina Mayer-Uitz*

3. TAG: Wir brechen um sieben Uhr auf. So früh ist es doch am schönsten. Die Sonne scheint, aber es ist noch nicht so heiß. Unsere Knie wollen heute nicht so recht, deshalb beschließen wir, zu schweigen. Das hilft aber auch nichts, deshalb quatschen wir wieder weiter – über Urlaube und Wandererlebnisse von früher. Was für schöne Erinnerungen! Nach Vöcklamarkt geht es einmal bergauf und dann wieder bergab. Aua – unsere Knie hören nicht auf zu schmerzen. Nach anfänglichen Asphaltwegen wechseln sich nach Timelkam Güter- und Waldwege ab – zum Glück! Pünktlich zum „Zwölfeläuten“ kommen wir an unserem Ziel in Frankenmarkt an. „Gib mir ‚high five‘, Mama, wir haben's geschafft!“

Gedanken nach dem Pilgern: Als ich diese Pilgerreise plante, war ich zunächst sehr skeptisch, ob Hannah wirklich mitgehen würde. Doch meine Zweifel waren unnötig. Sie war gleich dabei – und das mit Freude. So war auch unsere Wanderung, sehr entspannt, obwohl wir bei 30 Grad und mehr zu marschieren hatten und es teilweise wirklich anstrengend war. Ich bin sehr froh, dass wir diesen Weg zusammen gegangen sind. Wir konnten einen Zeitabschnitt unseres Lebens beschließen. Nun fahre ich – nach 16 gemeinsamen Jahren – alleine zur Schule nach Zwettl. Ich unterrichte in dieser Schule, die auch Hannah besucht hat, Religion. Daher gehörte die Zeit, die wir für unseren gemeinsamen Schulweg brauchten, uns beiden. Nun geht jede ihren eigenen Weg, das ist sehr ungewohnt, aber gut. Wandern, Walken, Radfahren und Pilgern werden mich weiterhin in meinem Leben begleiten – jetzt werden wir das alles zu zweit genießen, mein Mann Gerhard und ich.

Zu den Personen

Mag. Regina Mayer-Uitz ist Theologin und Religionspädagogin. Sie unterrichtet in Zwettl, ihrem Wohnort, an der LW/FW und dem Kolleg für Kindergartenpädagogik. Sie ist verheiratet und Mutter von zwei Kindern. Seit zehn Jahren geht sie regelmäßig walken und schätzt daran besonders, dass der Kopf dabei leer wird. Als spiritueller Mensch ist ihr auch das Pilgern sehr ans Herz gewachsen. Vor allem bei Lebenswenden hat Regina Mayer-Uitz es schätzen gelernt.

Zum Zeitpunkt der Pilgerreise hatte Hannah Mayer soeben ihre Matura geschafft. Ein neuer Lebensabschnitt stand bevor. Daher machte sie sich gemeinsam mit ihrer Mutter auf diesen Weg. Mittlerweile hat sich in ihrem Leben einiges verändert. Sie war ein Jahr als Au-Pair-Mädchen in England, im Moment arbeitet sie in Wien im Hilton und studiert berufsbegleitend an der FH Krems Tourismus- und Freizeitmanagement. Dies war ihre erste Pilgerreise.

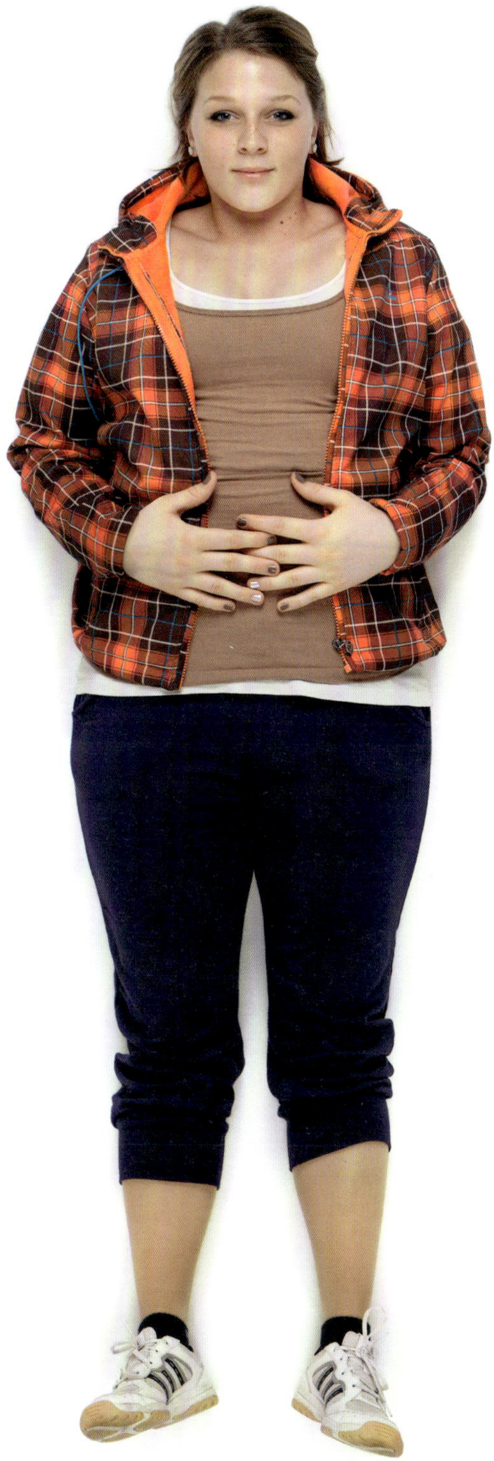

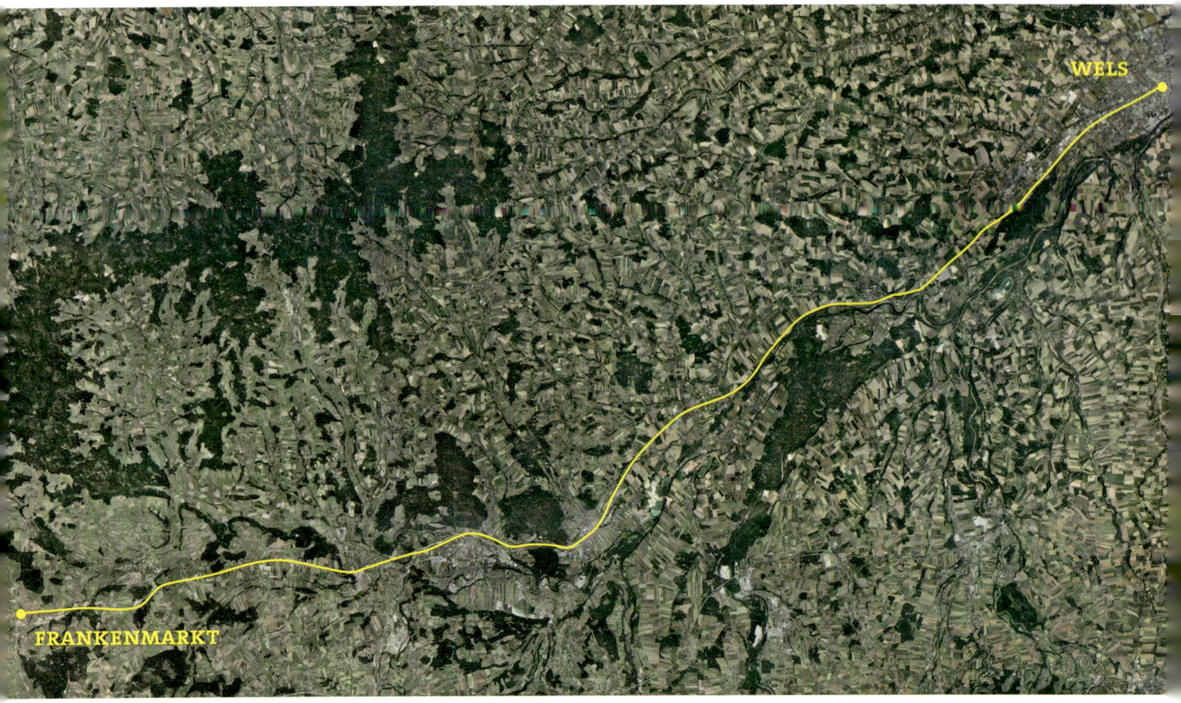

DER JAKOBSWEG OBERÖSTERREICH

Der Jakobsweg ist zu dem Weg und Inbegriff für Pilger geworden. 1987 erklärte der Europarat den Jakobsweg zum Europäischen Kulturweg. In den 90er-Jahren hat der Jakobswegexperte Peter Lindenthal den österreichischen Jakobsweg erforscht. Seither sind viele Initiativen entstanden, die verschiedenen Jakobswege in den Bundesländern zu verbinden und zu einem zusammenhängenden Wegenetz zu vereinen. Der oberösterreichische Hauptweg beginnt an der Landesgrenze zu Niederösterreich, an der Enns, und verlässt Oberösterreich an der Grenze zu Salzburg, bei Oberhofen am Irrsee. Gleich zu Beginn teilt sich der Weg in eine nördliche Variante über Mauthausen und in die kürzere südliche Variante über Enns und St. Florian. In Traun treffen sich diese zwei Wege wieder. Grundsätzlich verläuft der Hauptweg sehr eben, es gibt nur wenige Höhenmeter zu überwinden. Neben dem Hauptweg gibt es noch den Mühlviertler und den Innviertler Jakobsweg. Regina Mayer-Uitz entschied sich für den Hauptweg und ging das Teilstück zwischen Wels und Frankenmarkt.

GEGANGENE ROUTE

ETAPPE 1

Wels – Lambach

LÄNGE: 15 km

GEHZEIT: 3 Stunden

SCHWIERIGKEITSGRAD: leicht

ETAPPE 2

Lambach – Vöcklabruck

LÄNGE: 23 km

GEHZEIT: 5 Stunden

SCHWIERIGKEITSGRAD: leicht

ETAPPE 3

Vöcklabruck – Frankenmarkt

LÄNGE: 23 km

GEHZEIT: 5 Stunden

SCHWIERIGKEITSGRAD: leicht

PERSÖNLICHE ERINNERUNGEN

MEIN WICHTIGSTES ACCESSOIRE

Da es lange Strecken ohne Einkehrmöglichkeiten gibt, war mir meine Trinkflasche besonders wichtig, auch dass ich immer etwas Proviant dabei hatte.

BESONDERE ORTE

Sehr schön ist das Stift Lambach. Bestimmt ist auch die Stiftskirche einen Besuch wert, bei uns war sie leider abgesperrt.

SPEZIELLER TIPP

Dieser Drei-Tages-Abschnitt des Jakobsweges ist landschaftlich bestimmt nicht der schönste. Wer also auch nur für wenige Tage eine Pilgerreise plant, sollte vielleicht andere Etappen des Jakobsweges wählen, die nicht so langatmig sind.

ALLGEMEINE INFOS

Ausführliche Informationen zu den österreichischen Jakobswegen gibt es unter:
www.jakobswege-a.eu, pilgerwege.at

BUCHTIPPS

Dippelreither Reinhard: *Österreich – Jakobsweg*; Welver: Conrad Stein Verlag 2010 (Outdoor Band 157)

Pegoraro Karin, Oberwalder Jörg: *Jakobswege in Österreich. Wolfsthal/Wien – Feldkirch,* Wanderführer, 35 Etappen; Innsbruck: Kompass 2008

»Die Landschaft sehe ich nur aus den Augenwinkeln und regenverhangen. Auch das hat seinen Reiz. Es ist fast mystisch, der Wald, der Regen, die Stille.« Hermine Danzinger

Vertrauen statt Panik

Hermine Danzinger hatte den Zugang zu ihrer Spiritualität verloren. Schicksalsschläge und Ängste versperrten ihr den Weg. Sie wollte das Vertrauen ins Leben und in die eigene Kraft wieder finden und machte sich auf diesen Pilgerweg. Mitte September ging sie alleine von Mikulov bis Großrußbach.

1. TAG: Bei leichtem Regen starte ich in Mikulov (Nikolsburg, CZ). Im Informationsbüro, das mitten im Zentrum liegt, erkundige ich mich nach dem Weg aus der Stadt. Diesem folge ich, doch dann weiß ich nicht mehr weiter. Ich suche „die alte Grenzstraße". Immer wieder schaue ich auf den Plan, der vom Regen schon ganz aufgeweicht ist. Ich gehe und gehe, immer unsicherer. Da beginnt es richtig zu schütten, und ich weiß, ich bin falsch! Ich habe keine Ahnung, wo ich bin. Panik überkommt mich, und am liebsten würde ich jemanden anrufen, der mich abholt – aber wenn ich nicht weiß, wo ich bin, wie soll man mich finden? Da spüre ich auf einmal einen Gedanken in mir, ganz automatisch ist er da und wird stärker: „Der Herr ist mein Hirte ..." Ich werde ruhiger und kann wieder denken. Ich beschließe, zurück zur Information zu gehen und mit einem Taxi nach Drasenhofen zu fahren. Und dann klappt es. Das Gehen macht von jetzt an Freude, obwohl es den ganzen Tag regnet. Schwierig wird es auf den aufgeweichten Waldwegen – aber „der Herr ist ja mein Hirte", und so gehe ich sicher Schritt für Schritt. Die Landschaft sehe ich nur aus den Augenwinkeln und regenverhangen. Auch das hat seinen Reiz. Es ist fast mystisch, der Wald, der Regen, die Stille. Als sich der Hunger meldet, aber keine Gelegenheit zum Sitzen ist, komme ich in Falkenstein an einer offenen Kellertür vorbei – und bekomme einen „Gespritzten", esse dazu einige Müsliriegel und gehe gestärkt weiter. Als ich aus dem Wald komme, hat der Regen aufgehört, und der Blick geht ins Weite hinein nach Poysdorf. „Vom Dunkel ins Licht" habe ich den ganzen Tag gedacht – und jetzt scheint es wahr zu werden! Nach insgesamt 21 Kilometern komme ich gegen 17 Uhr in Poysdorf an, finde ein nettes Zimmer und bin zufrieden, den ersten Tag trotz aller Hindernisse geschafft zu haben.

2. Tag: Sonnig und warm! Bald nach dem Start komme ich bei der Wallfahrtskirche Maria Bründl vorbei. Es tut gut, für einige Minuten in ihr haltzumachen. Der Weg führt durch eine wunderschöne, sanfte und abwechslungsreiche Landschaft. Das Weinviertel schaut hier ganz anders aus als um Retz. Dann kommen riesige Eichenwälder – und sie gehören mir allein. Ich höre nur das Klicken der herabfallenden Eicheln und die Schreie der Eichelhäher. Der Wald riecht nach dem Regen sehr intensiv. Zur rechten Zeit komme ich an einem umgestürzten Birkenstamm vorbei, der sich mir als Rastplatz im nassen Forst anbietet. Viel Friede ist um mich herum. Mein Schwiegersohn kommt mir in den Sinn, der vor einigen Monaten plötzlich verstorben ist. Wie sehr wünsche ich ihm den Frieden, den ich gerade so intensiv spüre. Bei dem Gedanken werde ich ruhiger. Der Herr wird auch sein Hirte sein. Weniger Freude macht mir heute mein linker Fuß. Und schon mache ich mir wieder Sorgen, wieviel ich noch schaffen werde ... Ich weiß nicht, warum ich so leicht mutlos werde. Dennoch, meine Beine tragen mich weiter. Nach 15 Kilometern erreiche ich mein Quartier in Mistelbach. Ich ersuche meinen Hausherrn, dass er mich am nächsten Tag nach Maria Oberleis bringt, damit ich von dort nach Großrußbach gehe. Ich habe gedacht, dass ich viel mehr Kilometer schaffe. Von meinem ursprünglichen Ziel bin ich weit entfernt – und doch: Ich bin stolz auf mich! Vor allem, dass ich mich tatsächlich ganz alleine auf den Weg gemacht habe.

»An bestimmten Lebenspunkten, die eine Wende sind, erscheint mir Pilgern als Rückblick, Entscheidungshilfe und Lebensquell sehr wichtig.«
Hermine Danzinger

3. Tag: Beim Aussteigen in Maria Oberleis merke ich, dass ich die Stöcke im Quartier vergessen habe. Ich brauche sie heute aber nicht wirklich, denn ich gehe die meiste Zeit auf asphaltierten Güterwegen durch sanft hügeliges Ackerland. Kurz nach Ernstbrunn komme ich an einem Holzkreuz mit einer ansprechenden Widmung vorbei. „Denen, die waren, in Dankbarkeit. Denen, die sind, in Liebe. Und denen, die sein werden, in tiefer Hoffnung." Ich bin sehr berührt. Dieser Tag ist der unbelastetste der drei Tage. Die Füße sind okay, das Wetter passt, das Herz ist leicht. Heute sind entlang des Weges viele Bildstöcke. Immer wieder mit dem „Gelobt sei Jesus Christus" – da kann ich nur voll einstimmen. Was wäre mein, was wäre unser Leben ohne den Glauben an Christus? Und dann wieder ein kleines „Wunder". Ich bekomme Hunger und möchte gerne Rast machen. Aber nirgends eine

Gelegenheit zum Hinsetzen. Doch dann sehe ich in kurzer Entfernung einen Wasserdurchlass, dessen betonierter Rand die perfekte Sitzgelegenheit bietet. Ich fühle mich bestätigt in der Versicherung „Unser Vater im Himmel weiß, was ich brauche, bevor ich ihn darum bitte". Ich habe es schon oft erfahren dürfen und trotzdem kommen immer wieder diese kleinlichen menschlichen Ängste. Eigentlich schade! Am frühen Nachmittag komme ich nach 14 Kilometern entspannt im Bildungshaus Großrußbach an. Ich habe mein Ziel erreicht und freue mich darüber sehr. Es ist mir bewusst geworden, dass ich endlich lernen muss, zu überlegen und zu vertrauen, bevor ich panisch werde. Das wird meine Baustelle sein.

Zur Person

Hermine Danzinger wohnt in Retz/Weinviertel, ist geschieden und lebt in einer neuen Partnerschaft, allerdings mit räumlicher Distanz. Sie hat drei Kinder und vier Enkelsöhne zwischen fünf und zehn Jahren. Die einstige Volksschullehrerin, die bereits in Pension ist, arbeitete die letzten Jahre als Betreuerin für geistig und mehrfach behinderte Männer. Als begeisterte Pilgerin sammelte sie schöne Erfahrungen auf mehreren Wallfahrten und auf dem spanischen Jakobsweg nach Santiago.

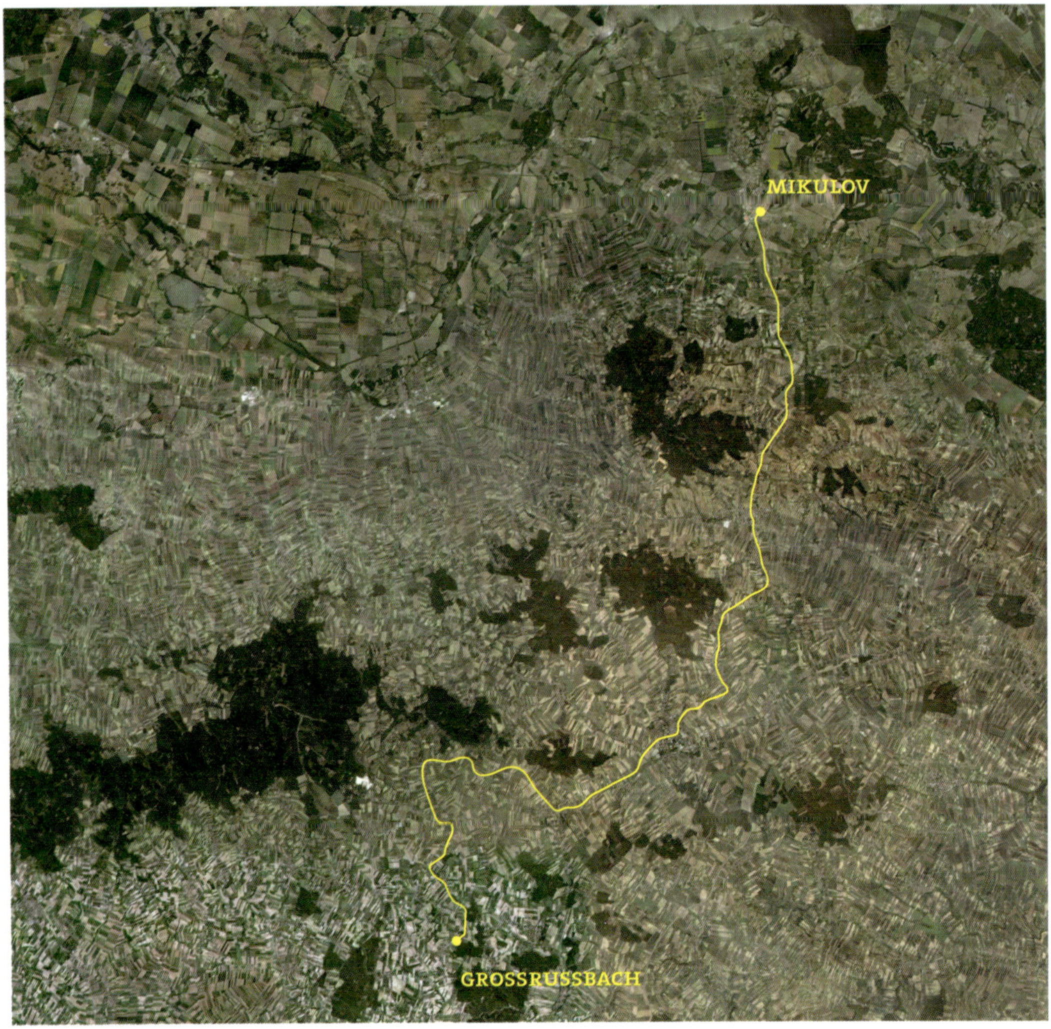

DER WEINVIERTLER JAKOBSWEG

Der niederösterreichische Jakobsweg führt durch das Weinviertel. Auf alten Pfaden kommt man an Wallfahrtskirchen, Schlössern und kleinen Weindörfern vorbei. Die Strecke beginnt am Heiligen Berg im tschechischen Mikulov und führt bis zur Bürgerspitalkirche in Krems, die dem Heiligen Jakobus und Philippus geweiht ist. Insgesamt lassen sich im Weinviertel 162 Kilometer erwandern, Hermine Danzinger ist 50 davon gegangen. Die Strecke ist ohne nennenswerte Höhenunterschiede und großteils eben. Lange Wegabschnitte ohne Einkehrmöglichkeit machen es notwendig, dass man immer genug zu trinken und etwas Proviant bei sich hat.

GEGANGENE ROUTE

ETAPPE 1
Mikulov – Poysdorf

LÄNGE: 24 km
GEHZEIT: 5,5 Stunden
SCHWIERIGKEITSGRAD: leicht

ETAPPE 2
Poysdorf – Mistelbach

LÄNGE: 15 km
GEHZEIT: 4 Stunden
SCHWIERIGKEITSGRAD: leicht

ETAPPE 3
Mistelbach – Großrußbach

LÄNGE: 33 km
GEHZEIT: 4 Stunden
(weil einiges per Taxi)
SCHWIERIGKEITSGRAD: leicht

PERSÖNLICHE ERINNERUNGEN

MEIN WICHTIGSTES ACCESSOIRE

Mein Pilgerführer. Der war unabdingbar, ohne den wäre ich orientierungslos gewesen. Aber noch wichtiger waren meine Sinne. Dieses Hören und Sehen, den ganzen Tag alleine, keine Ablenkung – unglaublich intensiv! Das macht den Geist ruhig.

BESONDERE ORTE

Mein Pilgerführer ist voll von Tipps. Aber ich habe mich entschlossen, möglichst wenig zu besichtigen. Wenn ich jede Kellergasse oder jedes Marterl auf mich wirken lasse, komme ich weder mir nahe noch am Weg weiter.

SPEZIELLER TIPP

Ich würde mir für die Besichtigung Mikulovs Zeit nehmen und für einen Abstecher zur Burgruine Falkenstein. Ansonsten war gerade das Unspektakuläre des Weges am schönsten für mich: Es ist wenig los, die Landschaft ist sanft und ruhig, nie beengt, immer mit Weitblick. Der Weg bietet viel, und manches springt einen ganz besonders an.

ALLGEMEINE INFOS

Details zu den Routen und Kartenmaterial zum Downloaden gibt es unter: *www.niederoesterreich.at.* Den Pilgerführer dazu kann man sich unter *www.jakobsweg-weinviertel.at* bestellen.

»Auffallend ist, dass wir die Pilgermuschel und somit den Weg immer dann aus den Augen verlieren, wenn wir hungrig oder müde sind. Nach einer Pause findet sich der Weg wieder wie von selbst.«

Helene Hackl

Warum sind wir so langsam?

Zwei Schwestern, die schon viele Wege miteinander gegangen sind: Helene Hackl und Susi Laßl. Geübte, flotte Geherinnen, die am Jakobsweg dennoch zu einer anderen Geschwindigkeit finden. Sie genossen die Ruhe, ihre Gedanken und die Zeit, die einmal ganz ihnen gehörte. Dennoch gab es auch Schweiß und Schmerz. Sie pilgerten am Salzburger Jakobsweg Anfang September von Lengau bis Gois.

1. TAG: Schon oft haben wir uns gemeinsam auf den Weg gemacht. Wir sind zwei flotte Geherinnen und freuen uns auf das Abenteuer. Wir folgen der Jakobsmuschel, bei einer Abzweigung erwischen wir anscheinend den falschen Weg. Wir befinden uns plötzlich an einer Lichtung – und nicht wie vorgesehen in Lochen. Es macht uns nichts aus, denn von hier aus haben wir einen herrlichen Blick auf den Mattsee. Es ist komisch, aber wir beide bemerken, dass unsere Geschwindigkeit beim Gehen eine andere ist. Wir sind relativ langsam, schaffen vielleicht vier Kilometer in der Stunde. Es geht nicht schneller. Liegt es an unseren Vier-Kilo-Rucksäcken? An der wunderschönen Landschaft? Der Weg führt uns weiter durch den Wald Richtung Mattsee. Ein Ort, der sehr viel Ruhe auf uns ausstrahlt. Ruhe, die wir nicht durch Gespräche durchbrechen wollen. Erst beim Gehen reden wir wieder, sehr viel sogar. Dennoch gibt es auch Schweigephasen – vor allem, wenn der Weg unsere ganze Kraft verlangt. Weiter geht es nach Obertrum. Die großen, frisch gemähten Wiesen erinnern uns beide an unsere Kindheit. Die älteren Kinder waren am Hof der Eltern wichtige Hilfskräfte bei der Heu- und Gemüseernte und beim Erdäpfel- und Obstklauben. Ich (Helene) bin die Jüngste und habe meinen Eltern immer erklärt, ich könne nicht helfen, weil ich für die Schule lernen müsse. Eigentlich hätte ich eine Vorzugsschülerin sein müssen.

Heute sind wir über sechs Stunden gegangen! Wir sind bei unserem Quartier (Bauernhof Fink in Zaisberg) angekommen, können endlich unsere Schuhe ausziehen und die Füße von uns strecken. Der Pilgerweg ist wunderschön, aber auch sehr anstrengend. Ehrlich gesagt, haben wir das beide unterschätzt.

2. Tag: Von Zaisberg bis Seekirchen wandern wir vorbei an Wiesen und Weiden – allerdings in Jakobsmuschel-freier Zone. Weiter geht es Richtung Eugendorf. Auf der Strecke verlieren wir leider schon wieder unsere Wegmarkierung, und ganz spontan taufen wir die Jakobsmuschel zur „Miesmuschel“ um. Auffallend ist, dass wir die Pilgermuschel und somit den Weg immer dann aus den Augen verlieren, wenn wir hungrig oder müde sind. Nach einer Pause findet sich der Weg wieder wie von selbst. Von Eugendorf geht es weiter nach Hallwang und schließlich zu dem kleinen Ort Berg. Auf der anderen Seite des Tals erblicken wir die Wallfahrtskirche Maria Plain. Ein überwältigender Anblick! Der Aufstieg über den Kalvarienberg ist anstrengend, aber der Mühe wert. Vor allem die Kreuzwegstationen sind wunderschön gefertigt. Ich (Susi) genieße, dass ich einmal an nichts anderes denken muss, als an den Weg, die Rast, die Natur. Ich bin verheiratet, habe drei Kinder, pflege meine kranke Mutter, habe Hof, Garten und Beruf. Obwohl mir kaum Zeit für mich selbst bleibt, habe ich irgendwie immer ein schlechtes Gewissen, dass irgendjemand zu kurz kommt. Seltsamerweise vergesse ich das alles beim Pilgern. Es gelingt mir, die Ruhe zu genießen.

»Obwohl uns die Strecke teilweise alles abverlangt hat, fühlen wir uns für den Alltag unheimlich gestärkt.«
Helene Hackl

Wir machen für eine Stunde Pause und blicken auf die Stadt Salzburg. Im Geiste gehen wir den Weg durch, der hinter uns liegt, und bemerken, dass Ereignisse verschwimmen. Obwohl unser Tempo nicht schnell ist, können wir nicht alles bewusst wahrnehmen. Wie ist das dann im Alltag? Was übersieht man da alles? Wir erreichen das Stadtgebiet von Salzburg und unser Quartier – das Kolpinghaus. Alles schmerzt! Bitte nur noch duschen und ab ins Bett!

3. Tag: Der letzte Pilgertag ist angebrochen, und wir erblicken wieder die Jakobsmuschel. Bei der Messe im Salzburger Dom kehrt eine herrliche Ruhe in uns ein. Wir verlassen die Stadt durch das Sigmundstor, weiter geht es nach Maxglan in Richtung Flughafen. Wir erhöhen unbewusst unser Tempo. Wir wollen dieses Stück hinter uns bringen – es ist langweilig und laut. Wir haben Seitenstechen, im Kopf macht sich ein Druckgefühl breit. Schließlich erreichen wir Viehhausen, ein kleines Dorf, das nach den letzten Kilometern unwirklich wirkt. Wie eine Filmkulisse, malerische Bauernhäuser mit wunderbarem Blumenschmuck. Es geht uns gleich besser, und die Jakobsmuschel ist auch wieder da. Nach zwei Kilometern haben wir unser Ziel erreicht – die Jakobskirche

Gois. Obwohl uns die Strecke teilweise alles abverlangt hat, fühlen wir uns für den Alltag unheimlich gestärkt.

Zu den Personen

Helene Hackl wohnt mit ihrem Mann Christoph und ihrem achtjährigen Sohn Moritz in Alkoven, Oberösterreich. Sie arbeitet beim Jugendherbergsverband. Gehen ist ihr wichtig. Lange Spaziergänge, meist alleine, und Wanderungen gehören seit vielen Jahren zu ihrem Leben. Pilgererfahrungen hatten sie und ihre Schwester bisher eher wenig. Für diese Reise haben sich die beiden entschieden, weil sie einmal sehen wollten, wie es ist, sich eine lange Strecke selbst einteilen zu müssen und einen Rucksack für mehrere Tage zu packen. Nachdem die Erfahrung für beide eine positive war, steht neuen Pilgererlebnissen nichts im Weg.

Susanne Laßl arbeitet als Arztassistentin in Eferding, ihrem Wohnort. Sie hat den elterlichen Bauernhof übernommen, der allerdings nicht mehr bearbeitet wird. Die 82-jährige, pflegebedürftige Mutter lebt im Haus. Susanne Laßl ist verheiratet und hat drei Kinder. Die Tochter studiert in Graz, der ältere Sohn macht eine Installateurlehre und der Jüngste besucht die HTL. Beruf, Familie, Hof und Garten verlangen ihr viel ab. Zum Ausgleich geht sie regelmäßig Nordic Walken.

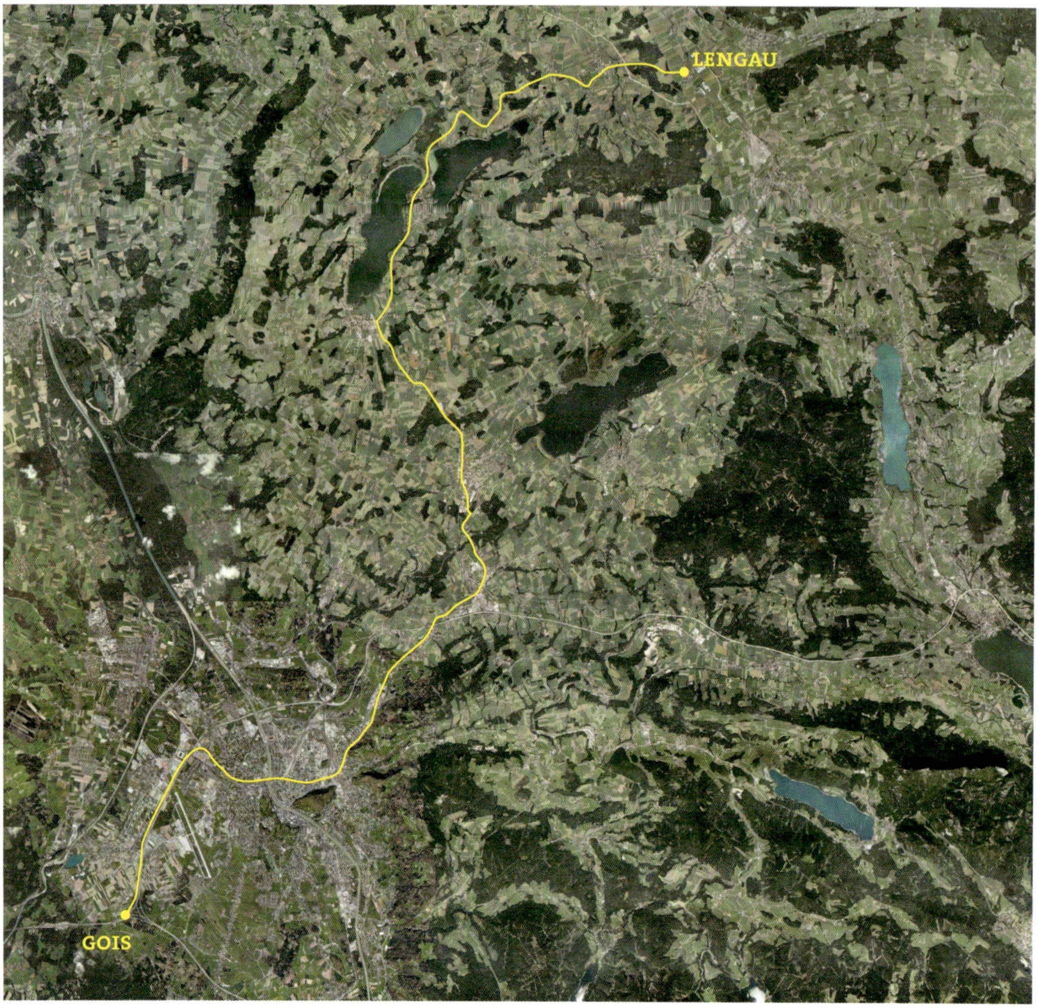

DER JAKOBSWEG DURCH DAS SALZBURGER LAND

Der Salzburger Pilgerweg verläuft von Frankenmarkt bis Waidring. Grundsätzlich gibt es durch das Salzburger Land und Südost-Oberbayern vier Möglichkeiten, dem Jakobsweg zu folgen, von der 102-Kilometer-Etappe bis zur 220-Kilometer-Variante. Die Strecke bis Waidring ist 103 Kilometer lang und bietet besondere Aussichten, Seenlandschaften und sakrale Eindrücke, wie die Wallfahrtsbasilika Maria Plain. Die beiden Schwestern Helene Hackl und Susi Laßl sind den Weg von Lengau bis zur Jakobskirche in Gois gegangen.

GEGANGENE ROUTE

ETAPPE 1

Lengau – Obertrum

LÄNGE: 26 km

GEHZEIT: 6,5 Stunden

SCHWIERIGKEITSGRAD: leicht

ETAPPE 2

Obertrum – Salzburg

LÄNGE: 24 km

GEHZEIT: 6 Stunden

SCHWIERIGKEITSGRAD: leicht

ETAPPE 3

Salzburg – Gois

LÄNGE: 8 km

GEHZEIT: 2 Stunden

SCHWIERIGKEITSGRAD: leicht

PERSÖNLICHE ERINNERUNGEN

MEIN WICHTIGSTES ACCESSOIRE

Ein Nagelzwicker! Meine Schwester hatte am ersten Tag für die Schuhe etwas zu lange Zehennägel, was ihr erst nach ein paar Stunden auffiel. Sie wollte den Nagelzwicker natürlich sofort im Rucksack suchen, fand ihn aber einfach nicht. Erst am Abend im Hotel konnte sie sich endlich die Nägel schneiden. Eine ziemliche Erleichterung!

BESONDERE ORTE

Am besten haben uns die Orte Gebertsham und Mattsee gefallen. Gebertsham ist ein sehr beschaulicher Ort. An der Kirchenmauer ist ein Zaun angebracht, damit dort Schafe weiden können. So etwas habe ich noch nicht gesehen. Und Mattsee ist insgesamt sehr idyllisch, sowohl der Ort als auch der See.

SPEZIELLER TIPP

Da die Strecke durch die Stadt Salzburg führt, empfehle ich, diesen Teil mit dem Bus zu nehmen. Bis Himmelreich war der Weg fürchterlich, ständig die stark befahrene Straße entlang. Außerdem ist in Salzburg die Jakobsweg-Beschilderung ziemlich schlecht.

ALLGEMEINE INFOS

Sämtliche Informationen von praktischen Tipps über Unterkünfte bis hin zu Fotos, Etappeninfos oder geführten Wanderungen durch BegleiterInnen gibt es unter: *www.jakobs-weg.com*

Wer persönliche Beratung wünscht, kann sich unter folgenden Web-Adressen informieren: *www.jakobusgemeinschaft.at, www.offenerhimmel.at*

BUCHTIPPS

Lindenthal Peter: *Auf dem Jakobsweg durch Österreich*; Innsbruck: Tyrolia 2006

Bogner Maximilian: *Auf dem Jakobsweg durch Südostbayern. Von Passau über Altötting nach Kufstein und von Salzburg zum Hohen Peißenberg*; Innsbruck: Tyrolia 2004

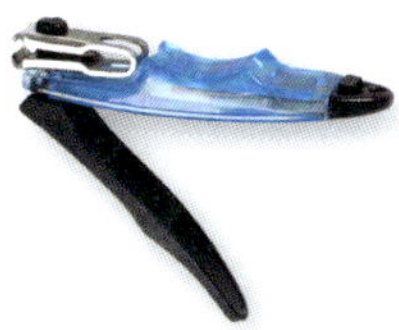

»Irgendwie wundere ich mich über mich selbst. Denn meine Gedanken kreisen um keine Probleme, sondern sind frei.«

Petra Kaineder

Das Leben braucht Kurven

Petra Kaineder begab sich nach ihrer Baby-Pause und kurz vor dem Wiedereinstieg in ihren Beruf auf diese Pilgerschaft. Die Zeit der Vorbereitung war aufregend und stressig, die Anspannung in den letzten Tagen viel zu groß. Wie ein Mantra umschwirrte sie die Frage, ob sie das schaffe und ob es ihre Familie schaffe. Ende Oktober dann pilgerte sie von Passau bis Maria Schmolln.

1. TAG: Immer nach sieben Jahren ist eine Lebensphase vorbei, und es kommt etwas Neues. Dieses Pilgern soll meine neue Lebensphase einläuten. Meine Kinder sind nun neun, sieben und drei Jahre alt, und ich kehre in meinen Beruf als Sozialpädagogin zurück. Ich sitze im Zug nach Passau und habe plötzlich Zeit. Zeit, die ich normalerweise fülle – um nicht zu sagen vollstopfe: Arbeit, Haushalt, Kinder, Ehrenamt ...

Guter Gott
Geh mit mir auf diesem Weg
Hilf mir meine eigenen Grenzen
zu überwinden.
Ich möchte die Zeit nutzen,
um wieder zu mir zu kommen.
Sei mit deinem Segen bei mir.

In Passau angekommen, steuere ich zuerst die Wallfahrtskirche Maria Hilf an. Von hier aus starte ich meinen Pilgerweg. Das Wetter ist nebelig kalt, ich bin unsicher, schaue immer auf die Uhr. Zum Verweilen ist mir nicht, ich will auf keinen Fall im Dunkeln gehen. Im Ohr hab ich das Lied von Georg Danzer: „Lass mi amal nu d'Sunn aufgehn seg'n". Entlang des Inns ist das Gehen ein wahrer Genuss. Irgendwie wundere ich mich über mich selbst. Denn meine Gedanken kreisen um keine Probleme, sondern sind frei. Um 16 Uhr erreiche ich meine Unterkunft in St. Marienkirchen bei Schärding. Viel zu früh! Ich bin geschafft! Für morgen nehme ich mir vor, innezuhalten!

2. TAG: Mein Vorsatz für den heutigen Tag: Ich gehe gemütlicher! Und trinke mehr Wasser. Komisch, aber irgendwie schmecken mir nur Äpfel. Sogar meine geliebte abendliche Tafel Schokolade war mir gestern viel zu süß. Mandarinen sind mir zu kalt. Vielleicht ist es ohnehin wichtig, dass ich meinem Bauchgefühl mehr vertraue. Ich sehe das auch am

Weg immer wieder. Wenn ich mir unsicher bin und ich geh nach dem, was mein Bauch mir sagt, ist das meist gar nicht so schlecht. Ich habe einen schönen Weg gefunden, muss mich nicht zurechtsuchen. Bald höre ich die Glocken vom Chorherrenstift Reichersberg. Dort angekommen, mache ich es mir im Innenhof gemütlich. Rasten, Essen und Schauen. Es geht weiter – Bauch voll, Kopf leer. Ich gehe auf einer langen Geraden dahin. Keine Spannung, kaum eine Kurve, nach der mich etwas Neues erwartet. Ich habe plötzlich viel Zeit zum Nachdenken, da schleicht sich Melancholie ein. Das Leben muss nicht immer eine lange Gerade sein. Abwechslung mag ich eigentlich sehr gerne. Mal schauen, was nach der nächsten Kurve kommt. Bei Kirchdorf geht es steil bergauf zu einer Hochebene. Von hier aus habe ich einen tollen Weitblick. Aber rundherum nicht eine Kirche zu sehen! Wo ist Geinberg? Wie weit muss ich denn noch gehen? Ich marschiere weiter, an einigen Bauernhöfen vorbei, ein paar Mal ums Eck, dann erblicke ich die Kirche von Geinberg. Nach vier Kilometern habe ich mein Ziel erreicht: ein Bett und eine Dusche. Am Zimmer habe ich dann zwei weitere Blasen an den Füßen entdeckt. Aber ich bin heute nicht so müde wie gestern. Ich habe auch mein eigenes Tempo gefunden. Mich einzubremsen gelingt mir aber nur manchmal.

»Komisch, aber irgendwie schmecken mir nur Äpfel. Sogar meine abendliche Tafel Schokolade war mir gestern viel zu süß.«
Petra Kaineder

3. TAG: Heute beim Frühstück hatte ich ein eigenartiges Erlebnis. Ich bekam nur einen Platz in der Mitte des Raumes. Ich fühlte mich unfreiwillig in die Mitte gestellt. So geht es mir bei meiner ehrenamtlichen Tätigkeit auch öfters. Da steht man in der Mitte – ohne Rückendeckung. Das ist manchmal sehr unangenehm. Wie lange findet man eine solche Situation okay? Oder wann ist der Zeitpunkt da, dass man sagt, ich mag nicht mehr?

Ich habe heute beschlossen, zwischen Geinberg und Maria Schmolln möglichst wenige Kilometer zu gehen. Denn je mehr Kilometer auf dem Plan stehen, umso mehr fühle ich mich getrieben. Ich lasse einen Bogen aus und gehe gerade. Dafür habe ich mehr Zeit zum Nachdenken. Mir kommt das Buch „Kinder fragen nach Gott“ von Anselm Grün und Jan-Uwe Rogge in den Sinn. Ein Buch über Religiosität und Spiritualität im Leben mit Kindern. Das Thema Spiritualität hatte für mich immer so etwas Esoterisches, Übermächtiges und Unerreichbares. Die beiden beschreiben das als kleine Geistesblitze im täglichen Leben. So gesehen, ist das Pilgern ganz schön spirituell. Das habe ich mir vorher nicht gedacht. Ich stelle den heutigen Tag unter das Motto: „Vom Nebel ins Sonnenlicht."

Meine Wegstrecke ist noch lang. Inzwischen habe ich gelernt, wenn ich immer zweifle und mich umdrehe, wird der Weg nur länger und beschwerlicher. Vielleicht hat das Gehen und Wegsuchen für mich die Bedeutung, Entscheidungen einmal gut sein zu lassen und dazu zu stehen. Die Reise geht in Maria Schmolln zu Ende. Irgendwie komme ich von der falschen Seite an. Die Sonne scheint. Auch in mir. Das Pilgern war eine gute Erfahrung.

Guter Gott
Ich habe ein Stück von dir gefunden,
unerwartet und unerhofft
und doch so herbeigesehnt
Bleibe bei mir auch im Alltag
Wärme mich,
leuchte in mir.

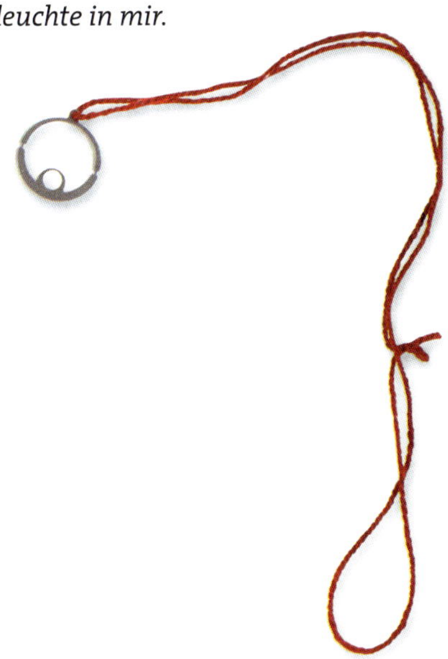

Zur Person

Petra Kaineder wohnt in Hellmonsödt im Mühlviertel, Oberösterreich. Die Mutter von drei Kindern (zehn, acht, dreieinhalb) ist nach dieser Pilgerreise wieder in ihren Beruf als Sozialpädagogin eingestiegen. Auch wenn jener Pilgerweg ihr erster war, so gehört Gehen dennoch zu ihrem Leben. Für sie bedeutet Wandern, Spazieren, Laufen eine Zeit, in der man sich selber näher kennenlernt. Ein Jahr nach dieser Pilgerreise übrigens haben sie und ihr Mann sich gemeinsam einen Pilgertag genommen.

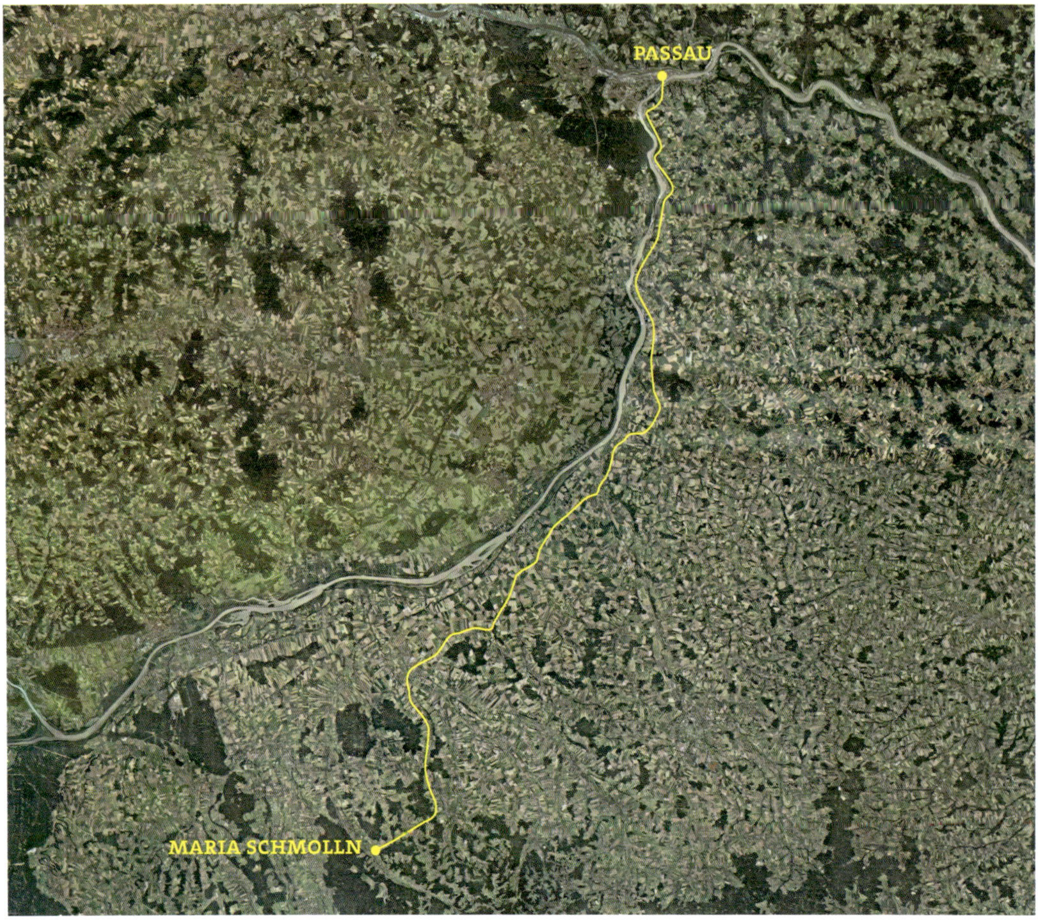

DIE VIA NOVA

Die Via Nova ist ein spiritueller Weg durch Europa, der offen ist für alle Konfessionen und sich als Wegweiser ins 21. Jahrhundert versteht. Er führt zu zahlreichen bedeutsamen „Orten der Kraft". Derzeit umfasst er die drei europäischen Länder Deutschland, Österreich, Tschechien. 680 Kilometer verlaufen zwischen Mallersdorf/Pfaffenberg in Bayern und St. Wolfgang in Österreich. Mit der Wegerweiterung sind neue Kilometer und Gehvarianten hinzugekommen: 130 Kilometer auf der Etappe Vilshofen. Petra Kaineder war insgesamt 78 Kilometer von Passau bis Maria Schmolln unterwegs.

GEGANGENE ROUTE

ETAPPE 1

Passau – St. Marienkirchen/ Schärding

LÄNGE: 31 km
GEHZEIT: 5 Stunden
SCHWIERIGKEITSGRAD: leicht

ETAPPE 2

St. Marienkirchen – Geinberg

LÄNGE: 26 km
GEHZEIT: 5 Stunden
SCHWIERIGKEITSGRAD: leicht

ETAPPE 3

Geinberg – Maria Schmolln

LÄNGE: 21 km (offiziell), 18 km (mit Abkürzung)
GEHZEIT: 5 Stunden
SCHWIERIGKEITSGRAD: anfangs leicht, gegen Ende schwierig

PERSÖNLICHE ERINNERUNGEN

MEIN WICHTIGSTES ACCESSOIRE

Die Wasserflasche. Ohne Wasser gibt es keine Energie und auch keine Möglichkeit, den Weg zu schaffen.

BESONDERE ORTE

Die Fatima-Kapelle in Schardenberg. Der Weg bis dorthin war zwar unwegsam, schlecht markiert und steil. Aber es war ein schöner Ruhepunkt auf meiner Reise. Und entlang des Inn zu gehen, war ein schönes und meditatives Erlebnis – der Weg ist das Ziel.

SPEZIELLER TIPP

Nach Reichersberg kommt eine besondere Au am Inn. Die Pflanzen, die da wachsen, haben senkrechte Ruten, jetzt im Herbst ganz ohne Blätter. Das sieht so unwirklich, so bizarr aus, fast unheimlich, aber trotzdem stark.

ALLGEMEINE INFOS

Über den Weg gibt es eine umfangreiche Homepage, die sogar die Möglichkeit bietet, individuelle Wegstrecken berechnen zu lassen: *www.pilgerweg-vianova.eu*

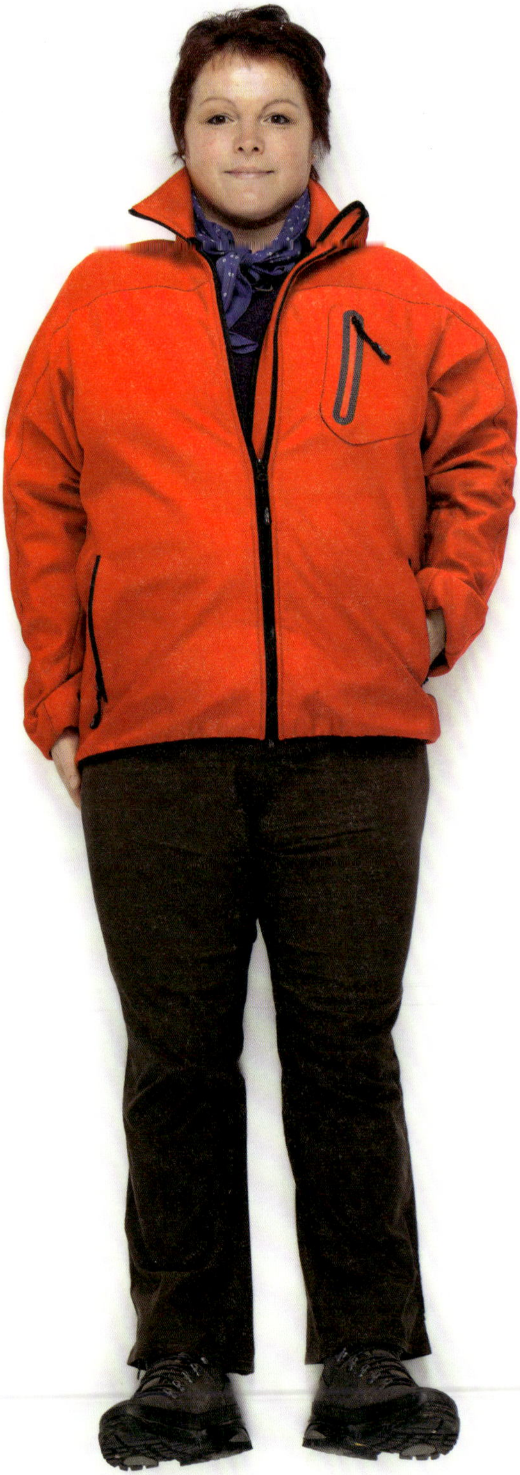

»Nach den Mühen der letzten Wochen sehne ich mich nach Entspannung und Freiheit.«
Sabine Haslehner

Die Leichtigkeit des Seins finden

Kurz vor ihrem 40. Geburtstag, der möglicherweise ihre Lebensmitte bedeutet, und nach wochenlanger Anspannung für ihr Studium entschloss sich Sabine Haslehner zu einer kurzen Auszeit. Mit dem Wunsch nach neuer Leichtigkeit im Leben begab sie sich auf diese Pilgerreise. Anfang September marschierte sie vom Stift Schlägl nach Pfarrkirchen.

1. TAG: Irgendwie fühle ich mich ziemlich gehetzt. Denn eigentlich wollte ich meine Diplomarbeit vor dieser Pilgerreise abschließen. Es ist sich nicht ganz ausgegangen. Somit trage ich zu meinem Rucksack auch noch ein gedankliches Gepäck mit mir herum. Trotzdem mache ich mich zusammen mit meinen Freundinnen Christa und Gerlinde auf den Weg. Mit ihnen bin ich schon oft gepilgert. Mein Ehemann Christian schließt sich uns auch an. Zum ersten Mal! Wie wird ihm/uns das Gehen tun? Also, raus aus dem Alltag!

Wir starten beim Stift Schlägl. Prior Lukas Dikany spendet uns den Reisesegen. Er wünscht uns, dass wir beim Unterwegssein die Leichtigkeit des Seins spüren mögen. Ja, genau! Nach den Mühen der letzten Wochen sehne ich mich nach Entspannung und Freiheit. Zudem steht der 40. Geburtstag bald ins Haus – vielleicht meine Lebensmitte? Ein weiterer Grund zum Pilgern.

Nach fast einer Stunde erreichen wir die Wallfahrtskirche St. Wolfgang. Ein eindrucksvolles Kirchengebäude, das still und einsam in einer Waldlichtung liegt. Weiter geht es auf dem Schlägler Rundweg. Die für das Mühlviertel typischen Granitsteine säumen den Weg. Sie vermitteln Ruhe und Kraft. Wir lassen uns viel Zeit. Es tut so gut, genau dann verweilen zu können, wenn und wo man will und auch so lange man will. Immer wieder bleiben wir stehen, schauen und staunen. Irgendwie tut es mir und meinem Mann gut, dass wir so nebeneinander dahinschlendern. Wir sprechen das nicht aus, aber wir fühlen es beide. Es geht weiter durch die Ortschaften Geiselreith und Katzing. Es ist ungewöhnlich heiß! Wir nehmen eine Abkürzung nach Rohrbach – unser heutiges Ziel. Der kürzere Weg hat uns ganz gutgetan, denn während des Tages hatten wir oft das Gefühl, nicht voranzukommen – nur im Kreis zu gehen. Der Turm des Stiftes

Schlägl rückte immer wieder in unser Blickfeld. Der Abstand verringerte sich scheinbar kaum. Auch meine Gedanken kreisten immer um dasselbe.

2. TAG: Um acht Uhr gehe ich alleine in die Frühmesse in die Jakobuskirche. Ich bin heute sehr emotional. Das habe ich beim Pilgern schon oft erlebt, dass der zweite Tag ein sehr tiefgehender ist. Mit meinen BegleiterInnen geht es weiter nach Götzendorf. Als wir die dortige Schlosskirche erreichen, beginnt es zu regnen. Wir nutzen die Zeit zum Innehalten, packen unseren kleinen Altar (Tuch und Kerze) aus, der uns auf unseren Pilgerwegen immer begleitet, und zünden die Kerze an. Plötzlich durchströmt mich tiefe Dankbarkeit. Ich fühle mich durch meine Familie und Freunde von Gott reich beschenkt. Meine Kinder sind jetzt zwölf und 14 Jahre alt und fangen an, eigene Wege zu gehen. Es überkommt mich etwas Wehmut. Und schon wieder kreist meine Diplomarbeit im Kopf herum. Im Gespräch mit Christa wird mir bewusst, dass ich vieles nicht so an mich heranlassen soll. Einfach auf „Durchzug“ schalten. Gar nicht so einfach! Der Regen ist inzwischen heftig geworden. Wir eilen zu einem nahen Gasthaus und kommen dort tropfnass an. Heißer Tee wärmt unseren Körper. So ein Regentag hat etwas sehr Entschleunigendes. Ein junger Bursche gesellt sich zu uns. Er macht uns das Angebot, uns mit seinem Auto ein Stück des Weges mitzunehmen. Ist zwar etwas geschummelt, aber draußen schüttet es inzwischen. Wir fahren mit – somit hat der Regentag für uns eher etwas Beschleunigendes.

> *»Am Abend fühle ich, dass es mir heute gelungen ist, Abstand zum Alltag zu bekommen. Die riesigen Problemberge sind, auf Distanz gesehen, doch nicht so unbezwingbar.«*
> *Sabine Haslehner*

Wir nutzen die gewonnene Zeit, um in Sarleinsbach (unser heutiges Tagesziel) eine Familie zu besuchen, bei der wir vor zehn Jahren Urlaub gemacht haben. Vor meinem inneren Auge sehe ich meine Kinder, als sie noch klein waren. Es sind wunderbare Stunden, voll Erinnerungen. Am Abend fühle ich, dass es mir heute gelungen ist, Abstand zum Alltag zu bekommen. Die riesigen Problemberge sind, auf Distanz gesehen, doch nicht so unbezwingbar.

3. TAG: Sonnenstrahlen wecken uns. Ich kann das Weitergehen kaum erwarten und drehe schon vor dem Frühstück eine Runde. Die gereinigte Luft tut mir gut. Auf dem Donau-Ameisberg-Rundweg gehen wir über Altendorf und Wulln nach Maria Bründl. Eine idyllisch gelegene Wallfahrtsstätte. Wir spüren die Kraft, die von diesem Ort ausgeht. Weiter gehen wir nach Putzleinsdorf. Je näher wir unserem Ziel Pfarrkirchen kommen, desto schweigsamer werden wir. Das Gehen hat uns allen sehr gutgetan. Wir haben viel gelacht, die Tage waren befreiend, und wir haben die Leichtigkeit des Seins tatsächlich gespürt. Was mir auf diesem Weg wieder einmal so richtig gewusst geworden ist, ist das alte Sprichwort „Der Mensch denkt und Gott lenkt". Es stimmt immer. Wir können noch so viel planen, oft kommt es anders; aber genau so ist es gut.

Der Pilgerweg hat mir ungeheure Kraft gegeben. Das Fertigstellen der Diplomarbeit war dann übrigens kein Problem mehr. Die letzten Zeilen schrieben sich wie von selbst.

Zur Person

Die Religionspädagogin Dipl. Päd.in Sabine Haslehner wohnt in Weichstetten bei St. Marien/Oberösterreich, ist verheiratet und Mutter von zwei Töchtern. Seit 2005 geht sie regelmäßig pilgern. Bisher höchstens bis zu fünf Tagen, bald, so hofft Frau Haslehner, auch länger. Pilgern ist ein absoluter Fixpunkt und eine Kraftquelle in ihrem Leben. Pilgern für Sabine Haslehner ist befreiend, entspannend, verbindet sie mit ihrer spirituellen Quelle und lässt sie neue Kräfte in ihr entdecken.

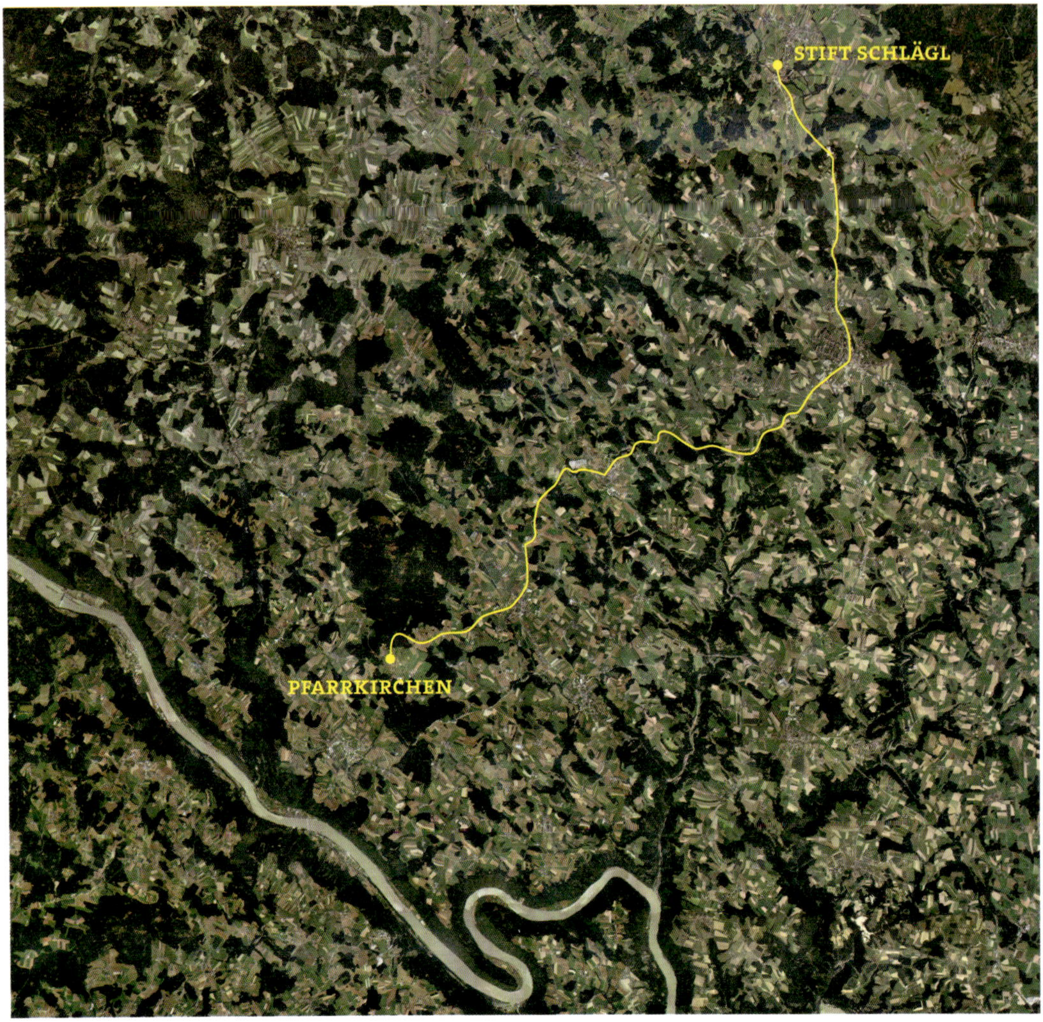

DER MÜHLVIERTLER JAKOBSWEG

Der Jakobsweg strahlt für viele Pilger eine große Faszination aus. Wer sich auf diesen Weg begeben möchte und dennoch abseits der großen Pilgerströme bleiben will, kann den Mühlviertler Jakobsweg gehen. Die insgesamt 134 Kilometer lange Strecke, die von Krumau bis Passau führt, lädt geradewegs dazu ein, seinem Innersten ein Stück näher zu kommen. Die einwöchige Pilgerreise ist landschaftlich und kulturell abwechslungsreich und führt von Krumau über den ältesten Marienwallfahrtsort in Böhmen, über die Burgruine Wittinghausen, die aus Adalbert Stifters Erzählungen bekannt ist, bis hin zum Stift Schlägl und dem Wallfahrtsort Maria Trost. Sabine Haslehner ist von Schlägl bis Pfarrkirchen gegangen.

GEGANGENE ROUTE

ETAPPE 1

Stift Schlägl bis Rohrbach

LÄNGE: 14 km

GEHZEIT: 3 Stunden

SCHWIERIGKEITSGRAD: leicht

ETAPPE 2

Rohrbach – Sarleinsbach

LÄNGE: 11 km

GEHZEIT: 2,5 Stunden

SCHWIERIGKEITSGRAD: leicht

ETAPPE 3

Sarleinsbach – Pfarrkirchen

LÄNGE: 10 km

GEHZEIT: 2 Stunden

SCHWIERIGKEITSGRAD: leicht

ALLGEMEINE INFOS

Die hier angegebenen Gehzeiten sind die offiziellen. Sabine Haslehner hat sich für den Weg jeweils doppelt so viel Zeit gelassen.

Die genaue Etappenbeschreibung mit Kilometerangaben, Unterkünften, Stempelstellen findet man unter:
www.boehmerwald.at

BUCHTIPPS

Dippelreither Reinhard: *Auf dem Jakobsweg durch Böhmen, das österreichische Mühlviertel und Südostbayern*; Welver: Conrad Stein Verlag 2011
(Outdoor Band 294)

Pfarl Peter: *Pilgerwege in Oberösterreich*; Wien: Edition Oberösterreich 2010

PERSÖNLICHE ERINNERUNGEN

MEIN WICHTIGSTES ACCESSOIRE

Ein kleiner Pilgeraltar. Den tragen wir immer mit. Er besteht aus einem kleinen Kreuz, einer Kerze, einem Regenbogentuch und einer Jakobsmuschel. Wenn uns ein Platz besonders anspricht, sei es bei einer Kapelle, einer Wegkreuzung oder auch bei einem besonderen Stein oder Baum, halten wir inne. Wir bauen den Altar auf und feiern eine Andacht.

BESONDERE ORTE

Es gibt am Weg sehr viele Kraftplätze. Oft mit den typisch Mühlviertler Granitsteinen als Mittelpunkt. Besonders angetan hat es uns Maria Bründl, ein abgelegener Wallfahrtsort kurz vor Putzleinsdorf. Sehr idyllisch gelegen und ein heilsamer, ruheausstrahlender Ort. Und unser Ziel, Pfarrkirchen, bietet nicht nur einen überwältigenden Panoramablick, sondern auch großartige kunst- und kulturhistorische Schätze.

SPEZIELLER TIPP

Wir haben uns vor dem Weggehen den Pilgersegen im Stift Schlägl geholt. Diese Segenspendung war sehr ergreifend und berührend. Also unbedingt vor dem Weggehen einen Kirchenbesuch in Schlägl einplanen.

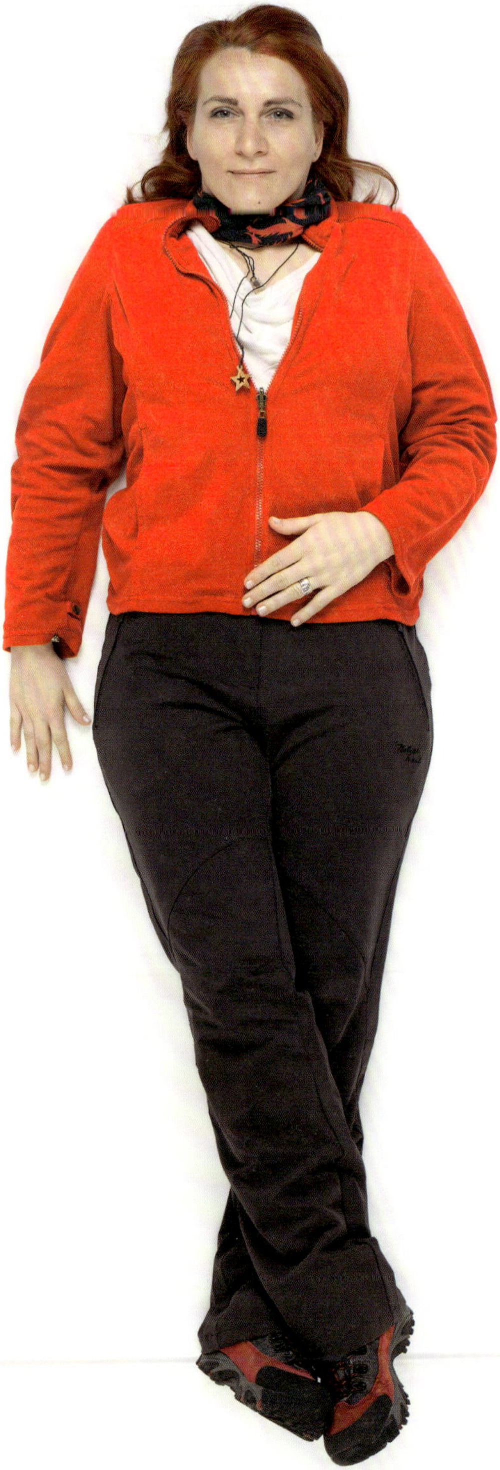

»Danke, lieber Gott!
Es gibt dich ja wirklich.«
Kerstin Klusch

Gelassenheit ist das Zauberwort

Ein Burn-out nach Scheidung und als Alleinerzieherin wirbelte das Leben von Kerstin Klusch durcheinander. Sie orientierte sich völlig neu, begann Yoga, praktizierte TCM und ging ihrer spirituellen Orientierung noch stärker nach. In dieser Umbruchphase begab sie sich auf diese Pilgerreise und erlebte die drei Tage als Geschenk. Zeit zum Reflektieren – über Gestern und Morgen. Und Zeit zum Ankommen: im Heute. Sie ging Mitte Oktober den Abschnitt zwischen Göttweig und Melk.

1. TAG: Die Reise in meine drei freien Tage beginnt mit einem verspäteten Zug. Ich lasse mich kein bisschen aus der Ruhe bringen – und siehe da, der Anschlusszug in St. Pölten wartet extra auf mich. Ein bemühter Schaffner macht es möglich. Ich kann beruhigt sein und weiß, für meinen Weg ist gesorgt. Auch ich trage meinen Teil dazu bei: keine Uhr, keinerlei Ablenkung, das Handy ist trotz Kinder ausgeschaltet. Ich weiß, sie sind gut untergebracht, diese drei Tage gehören mir.
Wie geplant starte ich beim Stift Göttweig. Es ist ein wunderschön sonniger Oktobertag. Nach einer kurzen Verwirrung auf dem plötzlich markierungslosen Weg beschließe ich, generell einen Gang zurückzuschalten. Eigentlich wollte ich heute schon bis zum Kloster Maria Langegg kommen. Aber nun will ich lieber den Weg genießen, in Ruhe meine Exerzitien machen, die Momente der Stille bewusst erleben, ebenso das Gefühl, einfach nur da zu sein. Jetzt, wo die Beschilderung wieder aufgetaucht ist, bemerke ich, wie kraftraubend es war, orientierungslos zu sein. Mein Gott, habe ich Hunger! Ich verschlinge mein letztes Brot, trinke den Tee aus und hoffe, dass ich bald zu meiner Pension komme. Oberbergern ist ein kleiner Ort, und nur eine einzige Pension hat ein Zimmer für mich. Die Dame ist sehr freundlich, fährt mich zwecks Abendessen zu einem Heurigen und holt mich auch wieder.

2. TAG: Die Inhaber dieser Pension fahren allerdings heute auf Urlaub, was für mich ein ungeheiztes Zimmer, karges Frühstück und einen extrem frühen Aufbruch bedeutet. Der Tag beginnt kalt, mit Frühreif, aber mit einem wunderschönen Sonnenaufgang. Ich

tauche in den Dunkelsteiner Wald ein. Der Name macht dem Wald alle Ehre. Ich fühle mich nicht wohl. Woher kommt diese Angst? Ich gehe schnell. So schnell, dass ich außer Atem komme. Ständig rezitiere ich als Ablenkung das „Gegrüßet seist du, Maria". Plötzlich kommt mir ein Mann in Uniform entgegen. Ein Riesenschreck durchfährt mich! Er grüßt mich freundlich, und wir kommen ins Gespräch. Wir reden sicher eine halbe Stunde miteinander. Es war eine schöne Begegnung, meine Angst ist nun weg.
Endlich komme ich in Maria Langegg an. Den ganzen Tag schon freue ich mich auf ein Gespräch mit einer Ordensfrau. Ich habe Pech. Eine vorbeieilende Schwester erklärt mir, zu einem Meeting zu müssen. Ich bin baff, und enttäuscht gehe ich weiter. Nach einigen Kilometern komme ich bei einer Straßenlaterne vorbei. An ihr lehnt eine sicher vier Meter hohe Stockrose. Ich sehe in der Nähe einen Mann und komme mit ihm ins Gespräch über die Rose. Er geht zur Pflanze, pflückt drei Samenkapseln, nimmt meine linke Hand, legt die Samen hinein, schließt meine Finger und sagt: „Nehmen Sie und lassen Sie Großes bei Ihnen wachsen." Welch wunderbare Geste. Ich gehe weiter, spüre meine Schultern und fühle mich ein wenig erschöpft. Irgendwann habe ich nur noch den Wunsch nach einem Prinzessinnenbett. Lieber Gott, bitte! Ich gehe keine 20 Schritte und lese „Zimmer frei". Die Hausfrau zeigt mir das Zimmer – ich kann es nicht glauben: es ist tatsächlich ein Prinzessinnenbett! Ein Himmelbett mit Schleier rundherum und überall im Zimmer kleine Engelfiguren. Danke, lieber Gott! Es gibt Dich ja wirklich.

»Jetzt, wo die Beschilderung wieder aufgetaucht ist, bemerke ich, wie kraftraubend es war, orientierungslos zu sein.« *Kerstin Klusch*

3. TAG: Ich konzentriere mich auf die Natur, die Gerüche, das Rauschen des Baches, das Vogelgezwitscher! Gedanken ans Aufgeben und an meine schmerzenden Füße und Schultern sind vollkommen fern. Unglaublich, wie ruhig man werden kann, trotz Aktivität. Ich brauche kein Schweigekloster. „Gelassenheit" ist das Zauberwort. Nach einem Weg voller Umwege erreiche ich das Stift Melk. Der Bau ist imposant, dennoch überkommt mich kein berauschendes Gefühl, dass ich es geschafft habe. Ich bin enttäuscht. Da kommt ein Priester des Weges. Der Herrgott hat mir den Abt persönlich geschickt! Er nimmt sich Zeit für ein Gespräch mit mir und muss plötzlich lachen: Immer ist der Weg das Ziel, das haben Sie nun erkannt. Ja, viel ist mir bewusst geworden: So nah war ich mir selbst noch nie.

Die Vergangenheit macht nichts mehr ... ich habe sie wie eine Zitrone ausgepresst. Der Saft voll Vitamin C gibt mir nun Power, weiterzumachen – nicht mehr und nicht weniger.

Zur Person

Kerstin Klusch wohnt in Wels, arbeitet als organisatorische Leiterin in einem Lehrlingscollege und seit vielen Jahren auch als Medium. Derzeit lebt sie mit ihren drei Kindern aus erster Ehe in einer neuen Partnerschaft. Wandern hat sie in ihrer Kindheit entdeckt und schätzt Gehen noch heute als bestes Mittel, um abzuschalten.

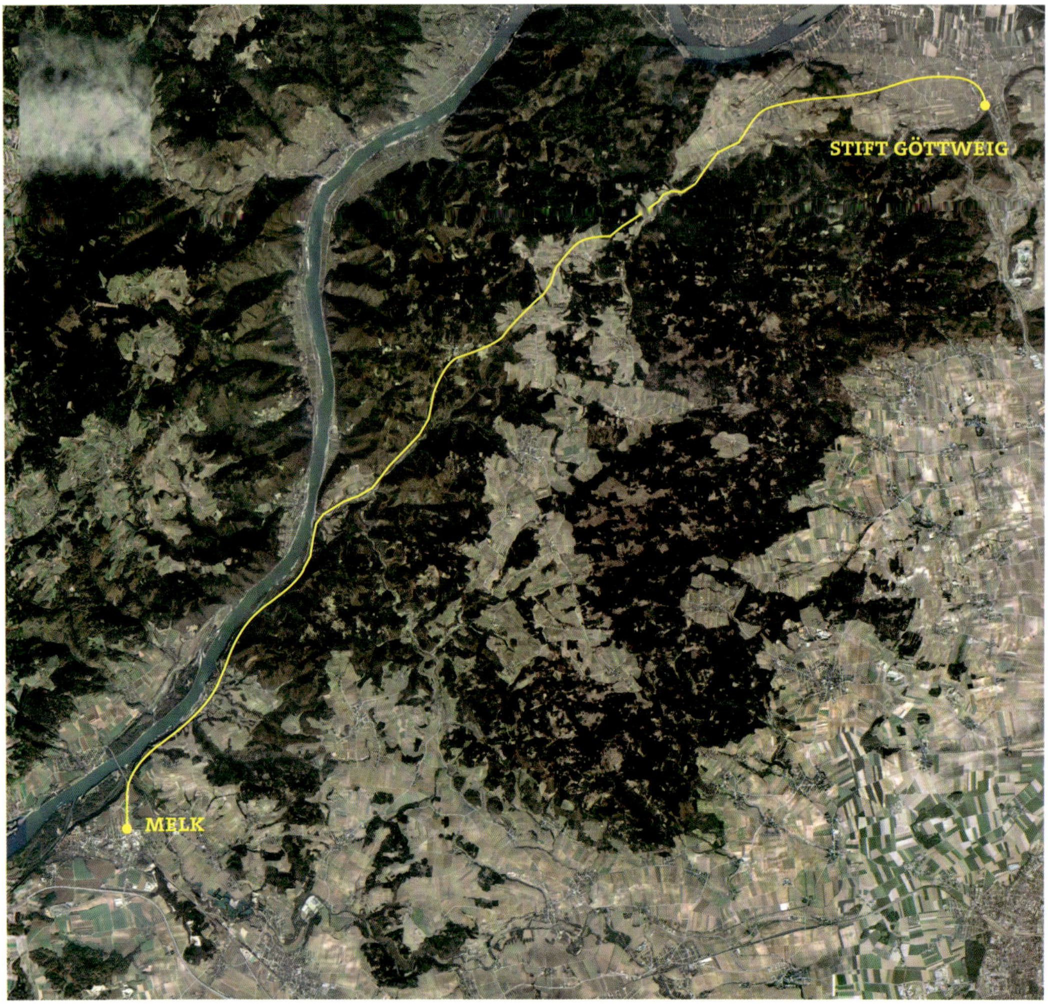

DER WACHAUER JAKOBSWEG

Der „Wachauer Jakobsweg", wie der Abschnitt zwischen Göttweig und Melk auch genannt wird, ist ein noch junger Teilabschnitt im österreichischen Jakobswege-Netz. Er wurde 2004 gemeinsam mit dem weltbekannten Schriftsteller Paulo Coelho (u. a. „Auf dem Jakosbweg") eröffnet. Die gesamte Etappe von rund 49 Kilometern ist in etwa zwölf Stunden zu begehen. Sie ist ein meditatives Naturerlebnis, bietet wunderschöne Aussichten und beschreibt am Weg Coelhos Exerzitien. Um jederzeit wieder an seinen Ausgangspunkt zurück zu kommen, stehen verschiedene Transportunternehmen der Region zur Verfügung. Kerstin Klusch ist die gesamte Etappe in drei Tagen gegangen.

GEGANGENE ROUTE

ETAPPE 1

Stift Göttweig – Oberbergern

LÄNGE: 15,5 km

GEHZEIT: 7 h inkl. Exerzitien

SCHWIERIGKEITSGRAD: mittel

ETAPPE 2

Oberbergern – Aggsbach

LÄNGE: 19,5 km

GEHZEIT: 11 h inkl. Exerzitien

SCHWIERIGKEITSGRAD: mittel

ETAPPE 2

Aggsbach – Melk

LÄNGE: 15,5 km

GEHZEIT: 8,5 h inkl. Exerzitien

SCHWIERIGKEITSGRAD: mittel

HÖHENMETER INSGESAMT:
1.355 m bergauf, 1.550 m bergab

PERSÖNLICHE ERINNERUNGEN

MEIN WICHTIGSTES ACCESSOIRE

Mein Tagebuch. Es hat gut getan, darin zu schreiben. Es sprudelte richtig raus, war ein schöpferischer Prozess. Ich lese darin heute noch gerne.

BESONDERE ORTE

Zwischen Schoberstein und Kreuzberg, zirka in der Mitte, kommt plötzlich eine wunderbare Lichtung, die nirgendwo beschrieben ist. Völlig unverhofft öffnet sich der dichte Wald und gibt diesen total verträumten Platz frei.

SPEZIELLER TIPP

Das nächste Mal würde ich zumindest die Unterkünfte vorab reservieren und eventuell ein wenig mehr planen. Wer ein bisschen mehr Zeit hat, dem möchte ich empfehlen, Coelhos Buch *Auf dem Jakobsweg* zu lesen und seine Exerzitien am Weg zu machen. Für eine Mini-Variante ist dieser Weg sehr schön geeignet. Die Übungen sind übrigens auch entlang des Weges auf Säulen beschrieben.

ALLGEMEINE INFOS

Nähere Infos dazu gibt es unter *www.niederoesterreich.at*, *www.donau.com*, *www.bergfex.at* oder bei den Tourismusstellen Krems und Melk.

BUCHTIPPS

Dippelreither Reinhard: *Auf dem Jakobsweg durch Böhmen, das österreichische Mühlviertel und Südostbayern*; Welver: Conrad Stein Verlag 2011 (Outdoor Band 294)

Pfarl Peter: *Pilgerwege in Oberösterreich*; Wien: Edition Oberösterreich 2010

»Eines vorweg: Wir sind heute echt an unsere Grenzen gestoßen – in meinen Augen bis zur Unverantwortlichkeit.«

Maria und Wolfram Lorber

Was ist zuviel Schnee?

Die erste gemeinsame Wanderung im Winter, dies war ein guter Grund für das Ehepaar Lorber, sich zu Mariä Empfängnis eine kleine Pilgerreise zu gönnen. Sie war dann ein großes Abenteuer und wurde für beide zu einem denkwürdigen Erlebnis. Bei minus elf Grad und einem Schneesturm in 2.145 Meter Höhe stießen Maria und Wolfram Lorber an ihre Grenzen. Ihre Route erstreckte sich von Tamsweg nach St. Lambrecht inklusive Gstoder-Überquerung.

1. TAG: Es ist ein Tag vor Mariä Empfängnis, und wir sitzen wirklich im Zug nach Tamsweg. (Die Vorfreude auf das Pilgern für „Welt der Frau" währte lange und war groß. Mein Mann und ich sind beim Gehen schon ein eingespieltes Team. Seit ein paar Jahren sind wir im Sommer regelmäßig für mehrere Tage unterwegs. *Beim stundenlangen Gehen reden wir oft kaum etwas miteinander. Handzeichen, die auf Besonderes hinweisen, genügen. Irgendwie haben wir mit dem Gehen, Atmen und Schauen genug zu tun.** Im Winter einige Tage zu gehen ist für uns allerdings Neuland.) Eine ganz dünne Schneeschicht bedeckt die Welt. In unserem Quartier – das einzige vorreservierte für die kommenden Tage – hat man nicht mehr mit uns gerechnet, weil der Wetterbericht so „schiach" ist. Wir überlegen, dass wir, wenn es die ganze Nacht über so viel schneit, entlang der Straße nach Ranten gehen und nicht über den Gstoder (2.145 m), wie Wolfram das geplant hat.

2. TAG: Wenn Wolfram sich was in den Kopf setzt, versucht er es durchzuziehen. Und ich? Ich geh mit! Ich bin daher auch mitverantwortlich. Eines vorweg: Wir sind heute echt an unsere Grenzen gestoßen – in meinen Augen bis zur Unverantwortlichkeit. Aber jetzt der Reihe nach: Frohgemut sind wir morgens Richtung Gstoder gestartet. Die Landschaft ist tief verschneit. Wir entscheiden uns doch für den Aufstieg über den Gstoder, der Straße entlang zu gehen erscheint uns nicht sehr attraktiv. Wir stapfen durch den weißen Winterwald. Eine friedliche und stille Welt umgibt uns. Begleitet werden wir vom Murmeln des Baches und von Vogelgezwitscher. (Sonst sind nur das

Knirschen unserer Schuhe im Schnee und das Reibegeräusch, das unsere Tourenhosen machen, zu hören.) Je höher wir hinaufkommen, desto mehr Schnee liegt. *Es ist völlig windstill und schneit nur noch leicht.* Teilweise sinken wir die ganze Beinlänge tief ein. Wir ziehen einen Grat Richtung Gipfel und stapfen tüchtig weiter. Ganze drei Stunden. Auf einmal sehen wir die zwei Gipfelkreuze, wir haben sie erreicht! Erleichtert sehen wir uns um. *Wind kommt auf, aber ich denke mir – noch – nichts dabei.* Plötzlich wächst er bis zum Sturm an. Höchste Eile, dass wir hier wegkommen. Es wird richtig dramatisch! Wolfram läuft durch den hüfthohen Schnee voraus. Kein Weg zu sehen, total verwehte Leeseite. Wir haben einen Zaun gefunden. An diesem rutschen, stapfen, fallen wir entlang. *Das war schon wieder lustbetont – für mich jedenfalls. Es wird wieder sonnig und windstill. Aber wir können uns keine Pause leisten, weil wir bis zu den Knien nass sind – auch in den Schuhen. Und vor uns liegen etwa 1.000 Höhenmeter Abstieg auf der Schattseite.* Der Steig führt über umgestürzte Bäume, elendslange Forstwege. Der Weg führt uns nach Seebach, von dort marschieren wir entlang der salznassen Bundesstraße noch eine Stunde nach Ranten. Das Gehen fällt mir nach sieben Stunden schwer, meine Schultern sind verspannt. Im Zimmer ziehe ich mich schnell aus und schlüpfe ins warme Bett. *Ich versorge als erstes unsere Schuhe, alles andere ist für die Weiterführung unseres Pilgerweges nicht so wichtig.* Dann erst hängen wir unser Gewand zum Trocknen auf. Ende gut, alles gut – im Nachhinein erschreckt es mich schon, dass wir in unserem Alter (57 und 55) noch nicht gescheiter sind. *Wenn einen 100 Meter vor dem Gipfel ein Jahrhundertsturm erwischt, ist das wohl ein Umstand, durch den man durchmuss. Ausgesucht hätten wir uns das beide nicht!* Morgen werden wir die Pfarrkirche in Ranten aufsuchen und Danke sagen.

3. TAG: Wir haben unser dramatisches Gstoder-Erlebnis und unsere Erschöpfung erfolgreich „weggeschlafen". Heute ist definitiv ein neuer Tag. Sogar unsere Schuhe zeigen keine Spuren mehr und sind wirklich trocken! Es hat draußen zwar minus elf Grad Celsius, aber wir können heute auf der Sonnenseite dahinwandern. Nach Rinegg geht's hinauf zum Kircherl Maria Schutz. Unsere Mittagsrast haben wir

> »Nachdem wir vier Kinder großgezogen und uns immer ihrem jeweiligen Tempo angepasst haben, ist es für mich jetzt so schön, beim Gehen im eigenen Rhythmus unterwegs sein zu können.«
>
> *Maria Lorber*

unter Bäumen schneefrei in der Sonne verbracht. Wir haben auch Zeit, genug zu trinken. Wir sind schließlich auf den Hemmaweg gestoßen, der uns über ein liebliches Waldsteigerl hinunter nach Murau führt. Das waren insgesamt sechs Stunden Gehzeit. Da bleibt viel Zeit zum Schauen und Horchen. So schön kann ein Tag sein! (In St. Egidi nehmen wir uns ein Zimmer. In der Wirtsstube hängt ein schöner Haussegen: „Wo Glaube ist, ist Liebe. Wo Liebe ist, ist Frieden. Wo Frieden ist, ist Segen. Wo Segen ist, ist Gott. Wo Gott ist, ist keine Not.")

4. TAG: Nachdem wir vier Kinder großgezogen und uns immer ihrem jeweiligen Tempo angepasst haben, ist es für mich jetzt so schön, beim Gehen im eigenen Rhythmus unterwegs sein zu können. Wolfram und ich haben zu einem harmonischen Gleichklang gefunden, der für uns beide stimmt. Außerhalb von Murau haben wir gleich das erste „H" gefunden. Das Zeichen für den Hemmaweg. Der sehr schmale, teils verwachsene Weg führt uns auf 1.600 Höhenmeter hinauf auf das Taler Eck. Unberührte Landschaft, Spuren von Fuchs, Hase, Reh und sogar Hirsch im Schnee. Der Weg zurück ins Tal ist zwar steil, aber bei feuchtem Schnee sehr lustig. Da kommt man schnell voran. Von St. Leonhard sind wir von oben her auf das Stift St. Lambrecht zugegangen, dann noch zweieinhalb Stunden bis zum Bahnhof. Jetzt sitzen wir im Zug, der uns nach Hause bringt. Samt unserem Pilgerstempel und der Erkenntnis: Einen Regenponcho braucht man im Winter nicht!

** kursive Schreibweise: Aussagen von Herrn Lorber*

Zu den Personen

Maria Lorber aus dem steirischen Trofaiach ist Hausfrau, hat vier Kinder und auch schon vier Enkelkinder. Außer in den Ferien, wo das Ehepaar Lorber möglichst oft gemeinsam die Freizeit genießt, hilft Frau Lorber ihrer ältesten Tochter und schaut auf die Kinder. Gehen vermittelt Maria Lorber ein ungeheures Gefühl von Freiheit. Die inneren Bilder ihrer Wander- und Bergtouren begleiten sie durchs ganze Jahr.

Wandern, Bergsteigen, Skitouren-Gehen – das sind die Lieblingsbeschäftigungen von Wolfram Lorber, die er vor allem gemeinsam mit seiner Frau unternimmt. Die beiden sind auch sonst ein gut eingespieltes Team: In ihrem großen Garten haben sie sich ein privates Paradies geschaffen. Das bedeutet zwar viel Arbeit, aber für beide gehört das „Garteln" genauso zu den Hobbys. Wolfram Lorber unterrichtet an der Hauptschule und dem Polytechnischen Lehrgang in Trofaiach eine Vielzahl an Fächern. Seit zwei Jahren nützt er die Altersteilzeit und hat einen Tag pro Woche frei, was für seine persönliche Kräftebilanz wichtig ist.

DER HEMMA-PILGERWEG

Die Heilige Hemma von Gurk ist die Landesheilige von Kärnten. Der Hemma-Pilgerweg, Steiermark/Kärnten, nimmt daher in Kärnten eine wichtige Rolle ein. Die als Gräfin von Friesach-Zeltschach Geborene wurde in der Bevölkerung vor allem wegen Wohltätigkeit und Stiftertum bekannt. Sie gründete unter anderem das Benediktinerkloster Admont, das der Ausgangspunkt des Pilgerweges ist. Der Hemma-Pilgerweg ist eine Belebung der erstmals 1607 urkundlich erwähnten Krainer Wallfahrt, die Route von St. Hemma bei Edelschrott nach Gurk wurde erst im September 2011 neu eröffnet. Eine Hauptroute ist die Strecke Admont – Gurk mit insgesamt rund 187 Kilometern und einer Gesamt-Gehzeit von 62 Stunden. Der Hemmaweg ist grundsätzlich sehr anspruchsvoll, weil jede Menge Höhenmeter zu überwinden sind. Auch Maria und Wolfram Lorber sind eine schwierige Etappe gegangen.

GEGANGENE ROUTE

ETAPPE 1

Tamsweg/Lungau – Gstoder (2.145 m) – Ranten

LÄNGE: 28 km
HÖHENMETER: 900 m bergauf, 1.200 bergab
GEHZEIT: 7 h
SCHWIERIGKEITSGRAD: schwierig

ETAPPE 2

Ranten – Murau

LÄNGE: 22 km
HÖHENMETER: 300 m
GEHZEIT: 6 h
SCHWIERIGKEITSGRAD: einfach

ETAPPE 2

Murau – Stift. St. Lambrecht

LÄNGE: ca. 20 km
HÖHENMETER: 800 m
GEHZEIT: 5 h
SCHWIERIGKEITSGRAD: teilweise schwierig zu finden wegen Schnee

PERSÖNLICHE ERINNERUNGEN

MEIN WICHTIGSTES ACCESSOIRE

*Mein Hut, der auch schon bei vielen anderen Bergfahrten dabei war und auch schon das eine oder andere Mal verloren ging, aber immer wieder geborgen wurde. Das neue Sturmband hat sich bestens bewährt, allerdings musste er am Grat dann dennoch der Sturmhaube Platz machen.**

BESONDERE ORTE

Das war sicher die Leonhardi-Kirche in Tamsweg, da gibt's die „Welt der Frau" gratis zum Mitnehmen. Und die Kirchen in Ranten mit ihren tollen Fresken außen.

SPEZIELLER TIPP

Der Gasthof Hammerschmied in Ranten hat einen eigenen Schuhtrockenraum – das war für uns an diesem Tag sehr wichtig. Ein schönes Naturdenkmal ist die Klamm nördlich von St. Lambrecht.

* *kursive Schreibweise: Aussagen von Herrn Lorber*

ALLGEMEINE INFOS

Ausführliche Informationen mit genauen Etappen-Beschreibungen und Höhenprofilen gibt es unter folgenden Links: *www.kath-kirche-karnten.at, www.hemmapilgerweg.com, www.pilgerwege.at, www.pilgern.info*

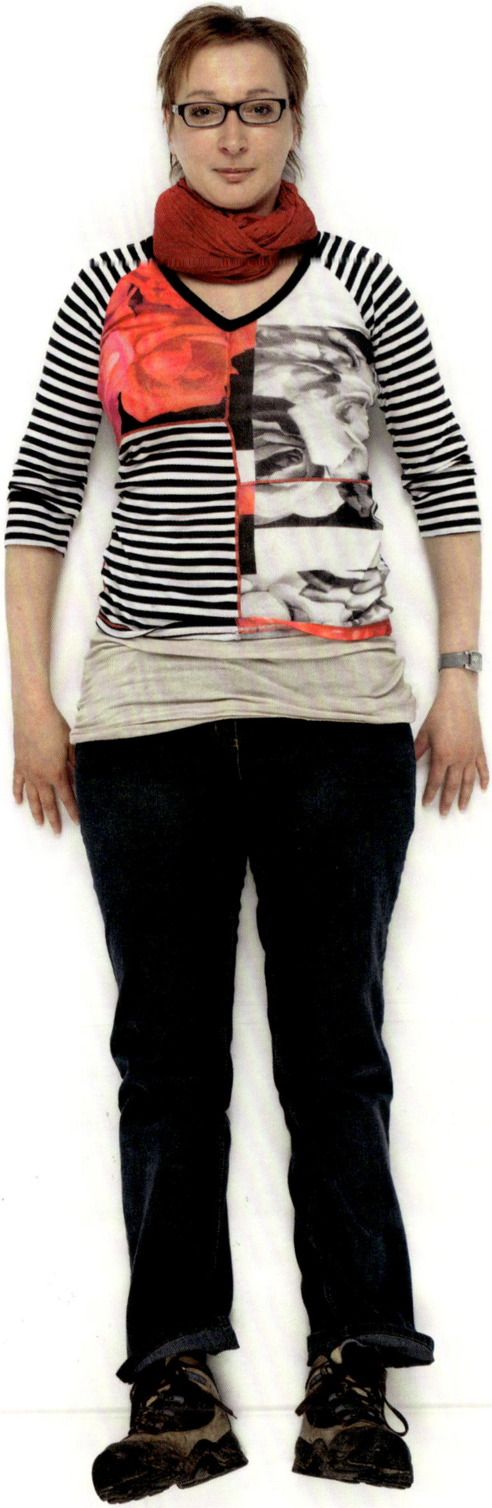

»Es ist Mitte September, und ein plötzlicher Wintereinbruch ist gemeldet. Genau für jene Tage, die wir uns für das Pilgern reserviert haben.«

Claudia Ambrosch

Wie das alles duftet!

Die eigene Firma und das Familienleben unter einen Hut zu bekommen, ist für Claudia Ambrosch oft ein weiter Spagat. Als ihre Tochter zwei Jahre alt war, schaffte sie es zum ersten Mal, sie für einige Tage bei den Großeltern zu lassen. Claudia Ambrosch setzte ihren Wunsch zu pilgern in die Tat um. Mitte September ging sie mit ihrem Mann von Hofstetten nach Mariazell.

1. TAG: Mit zwei Tagen Verspätung fahre ich von Lienz nach Oberösterreich, um meinen Mann abzuholen. Er wollte mich auf keinen Fall alleine pilgern lassen. Dafür habe ich eine Bedingung gestellt: Er muss sich nach meinem Tempo richten! Für mich ist der Herbst die beste Zeit zum Pilgern. Ich hab da so meine Vorstellung vom perfekten Pilgerwetter: Schöne Tage mit klarer, frischer Luft und angenehmen Temperaturen. Bei uns allerdings ist manches anders. Es ist Mitte September, und ein plötzlicher Wintereinbruch ist gemeldet. Genau für jene fünf Tage, die wir uns für das Pilgern reserviert haben. Die ersten freien Tage übrigens seit der Geburt unserer Tochter Anna-Katharina (26 Monate alt). In meinem Betrieb, den ich seit zehn Jahren alleine führe, ist alles für meine freien Tage geregelt. Mein Ehemann konnte sich auch von seiner Arbeit freischaufeln, und die Großeltern „Moma" und „Popa" freuen sich schon auf ihr Enkerl. Also machen wir uns trotzdem auf den Weg, allerdings werden wir wegen Starkregens erst morgen zum Ausgangspunkt weiter fahren. Nach Mariazell zu pilgern war schon lange ein großer Wunsch von mir.

2. TAG: Wir fahren ins Pielachtal, wo wir von unserem Hotel aus starten möchten. Die Anreise ist mühsam – 40 Kilometer fahren wir auf der Autobahn hinter einem Schneepflug her. Der Start unserer Pilgertage verzögert sich auch vor Ort, denn es regnet in Strömen oder schneit dicke Flocken vom Himmel. Doch sobald sich das Wetter etwas bessert, treibt es uns regelrecht hinaus ins Freie, um zu gehen. Nach wenigen Schritten wird mir bewusst, wie genussvoll diese Zeit des Wanderns auch nach dem Regen sein kann. Das überrascht mich sehr. Der Wald duftet, frisch geschnittenes Holz macht diesen Eindruck noch intensiver. Die Bäume sind noch voller Früchte. Äpfel, Zwetschken und Dirndln

schmecken wunderbar. Der Nussbaum hat die ersten Früchte fallen lassen, die Nase kommt voll in den Genuss ... Wie reichhaltig und lebendig doch unsere Natur ist! Feuersalamander, Eichhörnchen und Fuchs kreuzen unseren Weg, Schmetterlinge begleiten uns. Das Gehen tut gut. Es ist so, wie ich es mir vorgestellt habe. In den letzten Jahren habe ich schon oft mit dem Gedanken gespielt, pilgern zu gehen. Die letzte Zeit war ja doch sehr turbulent. Vor fünf Jahren habe ich meinen Mann kennengelernt, ein Jahr darauf haben wir geheiratet, dann kam wieder ein Jahr darauf unsere Tochter zur Welt. Seit zehn Jahren habe ich mein eigenes Blumengeschäft. Die tägliche Herausforderung, Kind und Firma unter einen Hut zu bringen, ist mitunter ein weiter Spagat. Mir wird wieder bewusst, welch große Stütze meine Eltern für mich sind!

»Die Natur ist beeindruckend, die Grüntöne von Moos und Bäumen unbeschreiblich. Und: Dort ist handyfreie Zone. Welch eine Erholung!« Claudia Ambrosch

3. TAG: Der zweite Tag von Loich nach Annaberg ist intensiv an Eindrücken. Die Landschaft bis Kirchberg ist abwechslungsreich, wunderschön zu gehen. Wir sind allerdings triefend nass bis zu den Knien, da es am Vortag noch stark geregnet hat. Aber oben sind wir trocken. Nach einer kurzen Rast in Kirchberg geht es weiter nach Annaberg. Die Wegbeschreibung zur „Hölzernen Kirche“ besagt „langsamer Aufstieg“. Bald wissen wir, warum: Es geht steil bergauf! Die Natur ist beeindruckend, die Grüntöne von Moos und Bäumen unbeschreiblich. Und. Dort ist handyfreie Zone. Welch eine Erholung!

Nun weiß ich es sehr zu schätzen, dass mein Mann mit dabei ist. Er hilft, unterstützt und animiert mich weiterzugehen. Wir treffen weder andere Wanderer oder Wanderinnen noch weitere PilgerInnen in diesen Tagen. Bei unserer Ankunft in Annaberg sind wir erleichtert. Wir jubilieren und sind stolz über die erbrachte Leistung: 1.000 Höhenmeter hinauf, 550 Höhenmeter hinunter, 27 Kilometer in sechs Stunden!! Und das ohne vorbereitendes Training. Wir fahren mit der Mariazellerbahn wieder zurück nach Loich. Am Abend müssen wir dann eine nicht gerade leichte Entscheidung treffen. Wegen des verzögerten Starts fehlt uns nun die Zeit für den dritten Pilgertag nach Mariazell. Wir beschließen, am nächsten Tag mit dem Auto dorthin zu fahren. Auf diesen Ort möchte ich nicht verzichten, da ich dort schon immer einmal hinwollte.

4. TAG: Obwohl wir mit dem Auto in Mariazell ankommen, verfehlt dieser Platz nicht seine Wirkung. Mariazell ist ein wunderbarer Ort, der eine ganz besondere Energie ausstrahlt. Es wird gerade eine Messe gehalten, Menschen aus vielen verschiedenen Ländern sitzen oder stehen in der Kirche und lauschen andächtig. In mir spüre ich Dankbarkeit für die zwei Pilgertage. Wir sind froh, uns auf den Weg gemacht zu haben. Diese Tage bedeuten uns beiden unheimlich viel.

Nachtrag: Ein Jahr später bin ich noch einmal nach Mariazell gefahren. Diesmal ohne Mann, ich bin mittlerweile geschieden, dafür mit meiner Tochter. Wir haben die Gegend gemütlich, aber sehr aufmerksam erkundet. Diese zwei Tage waren ein intensives Erlebnis und sehr wichtig für mich. Auch um die Trennung zu verarbeiten.

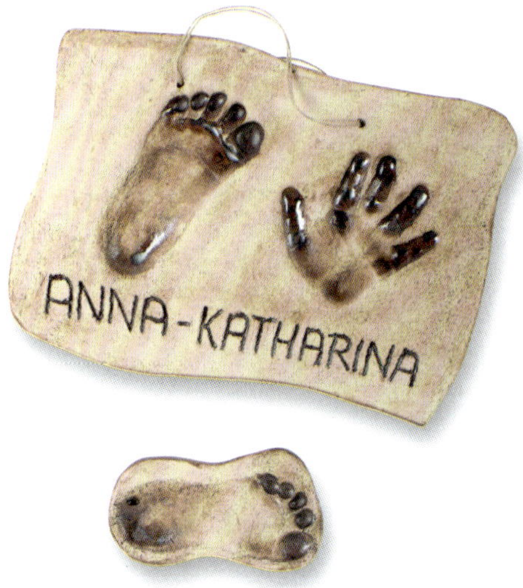

Zur Person

Claudia Ambrosch ist als Floristmeisterin seit 2001 selbständig. Sie lebt in Lienz, Osttirol. Bis letzten Sommer war sie verheiratet und hat aus dieser Ehe ihre vierjährige Tochter Anna-Katharina. Vom Pilgern hat sie lange geträumt. Dass sie Mariazell auf diesen Weg kennenlernen durfte, dafür ist sie noch heute dankbar. Fürs heurige Jahr sind kleinere Wallfahrten in Osttirol geplant, bei denen auch ihre Tochter schon mitgehen wird.

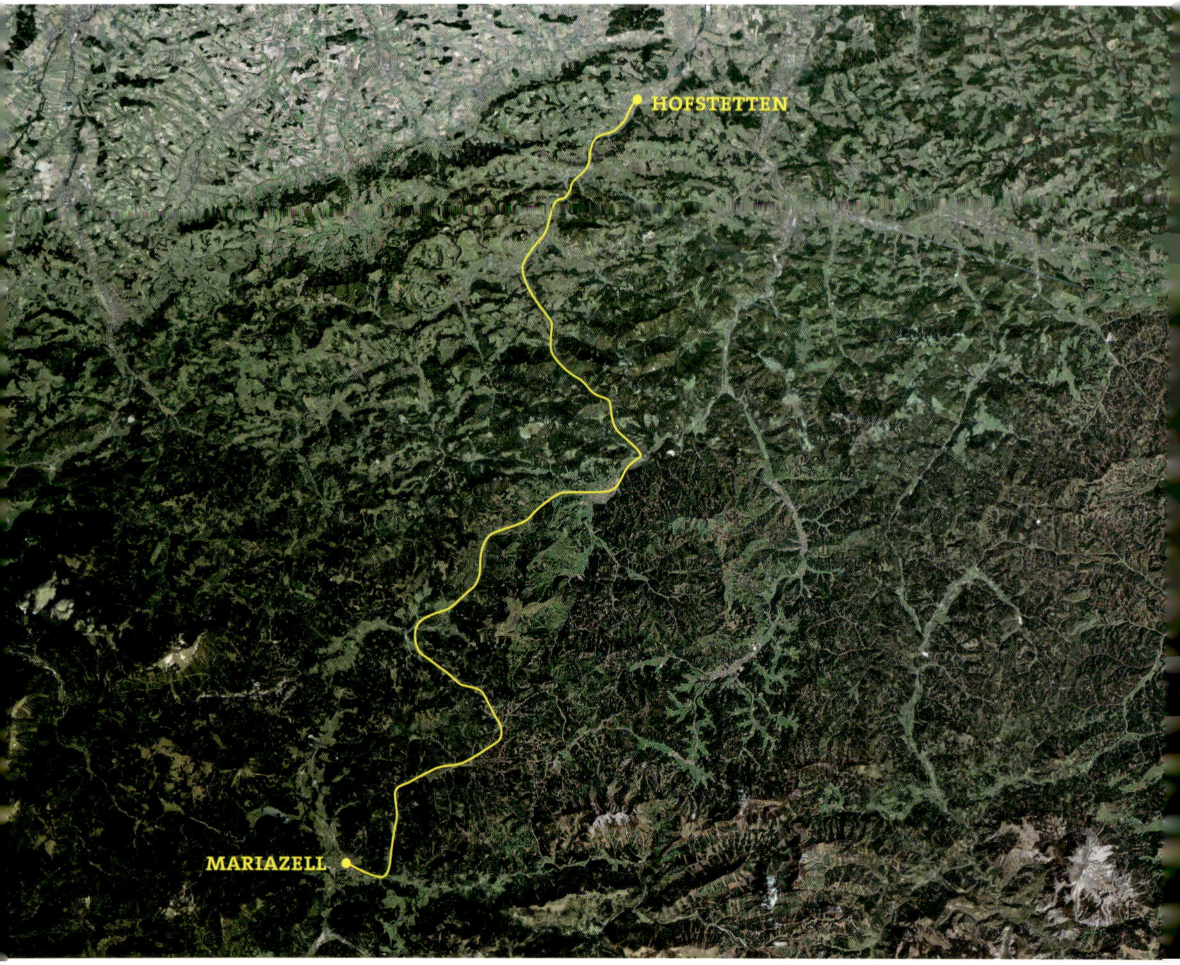

DER PIELACHTALER PILGERWEG

Mariazell kann man tatsächlich von jeder Himmelsrichtung erreichen; in Österreich gibt es von allen Bundesländern Pilgerwege dorthin, mit Ausnahme von Tirol und Vorarlberg. Mariazell ist ein traditioneller Wallfahrtsort in Österreich, der als solcher bereits 1266 erwähnt wurde. Die Gründung soll 1157 erfolgt sein. Sakrales Zentrum ist die Gnadenkapelle. Der Pielachtaler Pilgerweg führt von St. Pölten nach Mariazell. 90 Kilometer durch schöne Landschaft, vorbei an Marterln, Kapellen, historischen Stätten und großteils begleitet von der Mariazellerbahn. Die letzte Etappe ab Annaberg überschneidet sich auch mit dem Pilgerweg Via Sacra, dem ältesten Wallfahrtsweg Österreichs.

GEGANGENE ROUTE

ETAPPE 1

Hofstetten/Grünau – Loich

LÄNGE: geschätzte 16 km
GEHZEIT: 4 h
SCHWIERIGKEITSGRAD: leicht

ETAPPE 2

Loich – Annaberg

LÄNGE: 27 km
HÖHENMETER: 1.000 m bergauf, 550 m bergab
GEHZEIT: 6 h
SCHWIERIGKEITSGRAD: mittel, aber anstrengend

ETAPPE 3

Annaberg – Mariazell

LÄNGE: 23 km
GEHZEIT: 6 h
SCHWIERIGKEITSGRAD: mittel

PERSÖNLICHE ERINNERUNGEN

MEIN WICHTIGSTES ACCESSOIRE

Der Fußabdruck und das Foto meiner Tochter Anna-Katharina! Sie war damals gerade zwei Jahre. Ich war zum ersten Mal von ihr getrennt. Und dann gleich drei Nächte – sie hat einfach dabei sein müssen.

BESONDERE ORTE

Die Hölzerne Kirche. Sie befindet sich in etwa zwei Stunden vor Annaberg. Dieses Kircherl liegt wunderbar, am Ende eines Tales, eingebettet im Wald. Die letzten zehn Minuten wird das Kircherl sichtbar – es wirkt wie eine Belohnung. Auch der Baustil hat mich überrascht – so mitten im Waldgebiet. Viele Pilger haben dort Tafeln und Bilder als Dankeschön angebracht. Wirklich schön.

SPEZIELLER TIPP

Für mich war das Ankommen in Mariazell eine unglaubliche Bereicherung. Es wurde gerade die Messe gelesen; wir nahmen uns genug Zeit, der Messe beizuwohnen und hatten einige wunderbare Momente in der Kirche. Wirklich ankommen und ganz anwesend sein, das finde ich wichtig nach so einer Reise. Nicht nur hingehen, abhaken und wieder weg sein.

ALLGEMEINE INFOS

Kartenmaterial und nähere Informationen gibt es unter *www.mostviertel.info und www.viasacra.at*

BUCHTIPPS

Bücher über die Via Sacra gibt es viel, hier drei ausgewählte Tipps mit neuerem Erscheinungsdatum:

Serie Hikeline: *Fernwanderweg Via Sacra Wiener Wallfahrerweg. Auf traditionellen Pilgerpfaden von Wien nach Mariazell*; Rodingersdorf: Esterbauer 2010

Dudeck Volker: *Unterwegs auf der Via Sacra. Begegnungen, die berühren*; Bautzen: Lusatia 2012

Lukan Karl & Fritzi: Via Sacra: *Der alte Pilgerweg nach Mariazell – Mythos und Kult*; Berndorf: Kral Verlag 2012

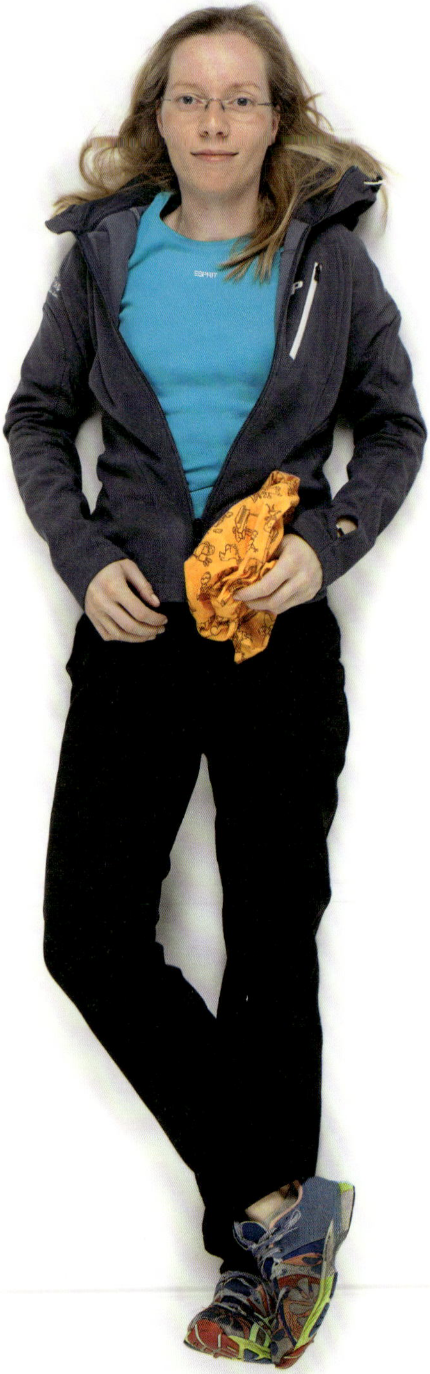

»Für mich kommen diese Tage genau zum richtigen Zeitpunkt: sie markieren den Übergang in eine neue Lebensphase.«

Eva-Maria Durchner

Vom Lärm in die Stille

Eigentlich hatte Ilse Durchner diese Pilgerreise geplant. Da eine Beinverletzung einfach nicht heilen wollte, machte sich schließlich ihre Tochter Eva-Maria auf den Weg. Für sie kamen diese Tage genau zum richtigen Zeitpunkt: sie markierten den Übergang in eine neue Lebensphase. Eva-Maria Durchner machte sich Mitte Mai auf den Weg und pilgerte von Maria Saal bis Arnoldstein.

1. TAG: „Ja!" war meine spontane Antwort, als mich meine Mutter fragte, ob ich statt ihr pilgern wollte. Der Zeitpunkt passte perfekt. Ich hatte gerade meine beiden Diplomstudien erfolgreich abgeschlossen und sollte erst zwei Monate später ins Berufsleben einsteigen. Diese Pilgerreise würde ein symbolischer Übergang sein, von einer für mich sehr wichtigen und nun zu Ende gehenden Lebensphase in eine neue, mir noch unbekannte. Nach diesem Lebensabschnitt, in dem ich meinen Kopf ständig „voll hatte", war es nun Zeit, diesen frei für Neues zu machen. Ohne lange zu überlegen oder zu planen – eine völlig neue Erfahrung – mache ich mich also auf den Weg von Maria Saal nach Arnoldstein: zirka 76 Kilometer in drei Tagen. Meine erste Etappe führt mich heute nach Maria Wörth. Am Ausgangspunkt angekommen, betrete ich den Dom, entzünde eine Kerze, setze mich auf eine der Bänke und lasse diese wohltuende Stille auf mich wirken. Nun bin ich bereit, den langen Fußmarsch auf mich zu nehmen. Ich muss quer durch Klagenfurt – jede Menge Autos, Lärm, Asphalt, Abgase ... Wie soll man da in sich kehren? Doch dann: plötzlich Stille, reine Luft, Natur, Waldwege und endlich am Wörthersee entlang. Als ich am Abend in Maria Wörth ankomme, lasse ich den Tag Revue passieren. Im Nachhinein gesehen, war dieser erste Tag eine Anpassungsphase. Er war geprägt von Gegensätzen. Es ist erstaunlich, wie nahe sie beieinander liegen, wie kurz die Distanz zwischen ihnen ist, aber eben auch, wie schnell man dem stressigen Alltag entkommen kann.

2. TAG: Spontan hat sich mein Papa entschieden, mich auf der zweiten Etappe, von Maria Wörth nach Maria Gail, zu begleiten. Die Lust zu pilgern liegt in der Familie. Mein Opa

beispielsweise war 29-mal in Lourdes. „Wir müssen uns ranhalten, die Tage sind im November schon sehr kurz“, so die Worte meines Papas und schon geht’s los. Während des Tages nenne ich ihn liebevoll „mein kleines Duracell-Häschen“, weil das von ihm vorgegebene Tempo wirklich beachtlich ist. Wir wandern durch Wälder, über Wiesen, durch kleine Ortschaften, kommen an den Rosegger Staudamm, marschieren entlang der Drau, vorbei am Wudmathfelsen und schlussendlich, schon bei einsetzender Dämmerung, über eine Anhöhe nach Maria Gail. Wir reden, lachen und ärgern uns kurz, wenn uns der Weg abhanden kommt. Mein Vater erklärt mir die Bergwelt, und wir stellen überrascht fest, dass es in Kärnten eine Ortschaft namens Türkei gibt. Man lernt wirklich nie aus!

»Ich muss quer durch Klagenfurt – jede Menge Autos, Lärm, Asphalt, Abgase ... – Wie soll man da in sich kehren? Doch dann: plötzlich Stille, reine Luft, Natur, Waldwege und endlich am Wörthersee entlang.«
Eva-Maria Durchner

3. TAG: Am dritten Tag bekomme ich überraschend Gesellschaft von Greti, einer lieben Freundin der Familie. Gemeinsam starten wir in Maria Gail und wandern entlang der Gail Richtung Unterschütt elf Kilometer lang auf einem sehr sandigen Weg. Eigentlich optimale Bedingungen zum Meditieren und um den Geist baumeln zu lassen ... Leider werden wir durch die in der Nähe liegende Autobahn immer wieder in die Realität zurückgeholt. Die zweite Hälfte des Weges hingegen bringt einige positive Überraschungen mit sich. Über Riegersdorf und Radendorf erreichen wir Siebenbrünn. Von der Marienkirche und den sieben Quellen, die unter ihr entspringen, sind wir sofort begeistert. Greti füllt ihre Wasserflaschen mit heilbringendem Wasser. Weiter geht’s über Tschau nach Lind. Nach einer Stunde erreichen wir schließlich Arnoldstein, unser Ziel. Während dieser drei Tage konnte ich trotz der körperlichen Anstrengung die Gedanken schweifen lassen, den Kopf etwas leeren! Ich nehme mir vor, diese Erkenntnis, dass Lärm und Stille so nahe beisammen liegen, in meinem Alltag öfter zu berücksichtigen und immer wieder von der Hektik in die Ruhe zu flüchten. Es ist oft nur ein kleiner Schritt, aber der hat es in sich.

Vielen Dank meinen beiden Wegbegleitern für ihr kostbarstes Geschenk – Zeit!

PERSÖNLICHE ERINNERUNGEN

MEIN WICHTIGSTES ACCESSOIRE

Mein gelbes Buff-Tuch war ein wertvoller Begleiter, in gewisser Weise ein besonderer Betreuer: Es schützte mich gegen die Kälte, aber auch vor der Sonne

BESONDERE ORTE

Ein wunderbarer Ort ist Maria Siebenbrünn. Dieser Ort hat mir am besten gefallen. Alle drei Etappen, ausgenommen das Stück durch Klagenfurt, führen durch eine herrliche Landschaft. Wald, Wiese, Bäche ... von allem ein bisschen.

SPEZIELLER TIPP

Meiner Meinung nach ist es schwer möglich, Etappe sechs und sieben in so kurzer Zeit zu bewältigen. Ich war im November unterwegs, da sind die Tage schon kurz. Ich habe anständig Gas gegeben und hatte dennoch keine Chance, den Weg in der vorgeschlagenen Zeit zu schaffen. Es empfiehlt sich also, etwas mehr Zeit einzuplanen. Dann darf man auch links und rechts schauen und kann die Landschaft und die Stimmung genießen.

Zur Person

MMag. Eva-Maria Durchner ist Juristin und lebt mit ihrem Partner in Kötschach-Mauthen, Kärnten. Diese Pilgerreise war ihre erste mehrtägige. Eintägige Wallfahrten ist sie bereits mehrere gegangen. Gehen ist für Eva-Maria Durchner fixer Bestandteil in ihrem Leben. Für sie ist Gehen entspannend, meditativ, egal ob aufwärts oder abwärts, Hauptsache in der Natur und an der frischen Luft. Sie geht oft mit ihrer Mutter, redend, lachend, weinend ... Außerdem hat sie einen Hund, der sehr viel Auslauf braucht und mit dem sie lange Spaziergänge unternimmt.

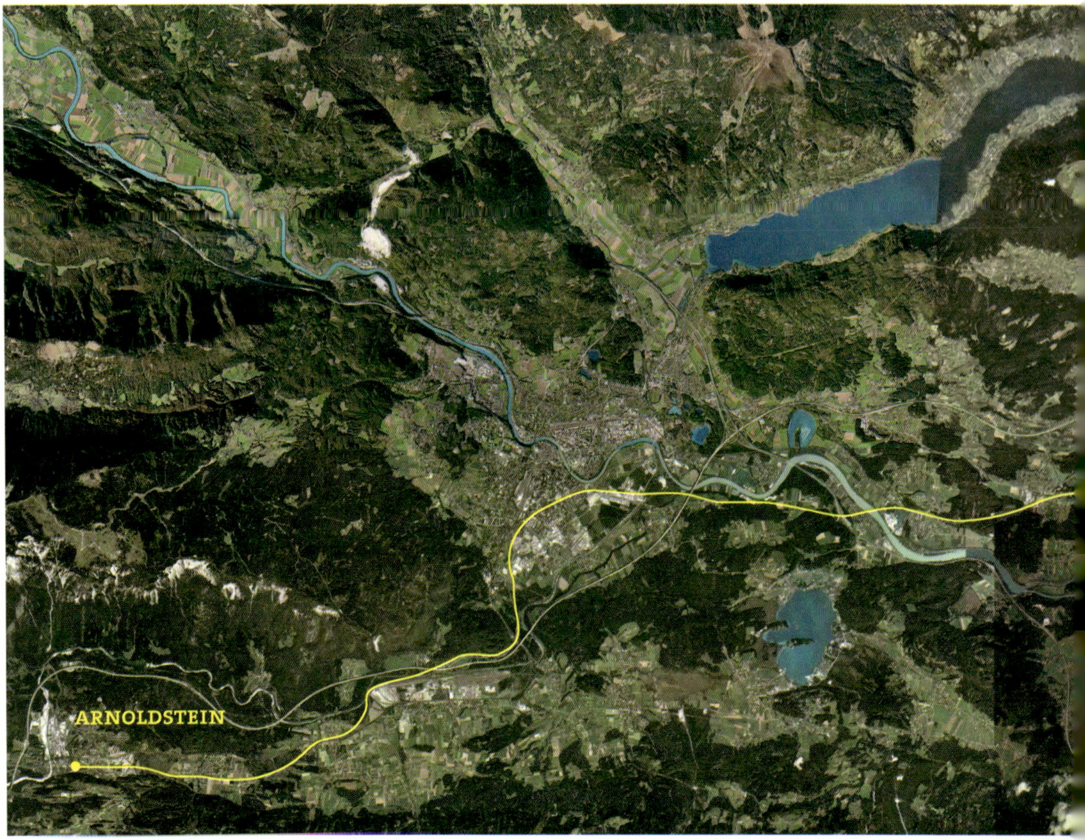

DER MARIENPILGERWEG

Der Marienpilgerweg ist eine noch relativ neue Pilgerroute. Eröffnet wurde er am 13. Mai 2011. Obwohl in Kärnten in den letzten Jahren viele Themenwege entstanden sind, wollte man dennoch jenen Menschen einen eigenen Weg bieten, die speziell die Gottesmutter verehren. So kam es zu der Idee, einen Teil der vielen Marienkirchen in Kärnten zu einem attraktiven Weitwanderweg zu verbinden. Der Marienpilgerweg erstreckt sich über rund 266 Kilometer und ist in zehn Tagesetappen zu gehen. Die kürzeste Etappe umfasst 16 Kilometer, die längste 35 Kilometer. Eva-Maria Durchner ging die Etappen fünf, sechs und sieben.

GEGANGENE ROUTE

ETAPPE 1

Maria Saal – Maria Wörth

LÄNGE: 27,5 km

HÖHENUNTERSCHIED: 218 m

GEHZEIT: 7 h

SCHWIERIGKEITSGRAD: mittel

ETAPPE 2

Maria Wörth – Maria Gail

LÄNGE: 28 km

HÖHENUNTERSCHIED: 106 m

GEHZEIT: 7 h

SCHWIERIGKEITSGRAD: mittel

ETAPPE 3

Maria Gail – Arnoldstein

Die offizielle Etappe geht über 32,5 Kilometer bis Feistritz, die individuelle von Eva-Maria Durchner endet bei Arnoldstein.

LÄNGE: 21,5 km

HÖHENUNTERSCHIED: ca. 190 m

GEHZEIT: 5,5 h

SCHWIERIGKEITSGRAD: mittel

ALLGEMEINE INFOS

Detaillierte Infos, Karten, Wegbeschreibungen, Kontaktdaten und Beherbergungsbetriebe unter: *www.marienpilgerweg.at*

»In dem Moment glaube ich zu verstehen, was mit Nirwana gemeint ist.«

Anna Altzinger

Ein Gefühl wie bei einer Geburt: das Schöne bleibt, die Schmerzen verblassen

Anna Altzinger ist Gehen und auch Pilgern gewohnt. Von Pilgern rund um den Kailash hörte sie zum ersten Mal in einer Ö1-Sendung, die das Buch „Den Sternen entlang" vorstellte. Kurz darauf, im Winter 11/12, erzählte ihr Bruder, dass er mit den „Bergspechten" zum Kailash reisen wolle. Das Interesse von Anna Altzinger war sofort geweckt. Das ihres Mannes auch. Nun begann die Zeit der Vorbereitung: Wanderungen, Bücher über die Kora und deren mythische Hintergründe. Am 23. Mai ging es los. Gute drei Wochen dauerte die Reise, gepilgert wurde von Simikot über den Dölma-Pass am Kailash und wieder retour bis Darchen.

1. REISETAG: *Ruhiger Start*

Nach den lauten, lebhaften Tagen in Kathmandu und Nepalganj war es angenehm, in der abgelegenen und ruhigen Gegend von Simikot anzukommen. Hier marschieren wir los. Das Tagesgepäck haben wir im Rucksack. Das übrige Gepäck sowie die Zelte und Verpflegung schleppen Maultiere für uns. Es werden uns jeden Abend die Zelte aufgebaut, sogar gekocht wird für uns. Uns – das ist eine Gruppe von zwölf TeilnehmerInnen, die gemeinsam mit dem „Bergspechte"-Chef Edi Koblmüller diese von ihm gut organisierte Tour machen.

10. REISETAG: *Mit Mantras durch Nepal*

Mit meinem Schrittzähler errechne ich eine tägliche Distanz von 14 bis 21 Kilometern, was einer Gehzeit von fünf bis acht Stunden entspricht. Der Weg führt ständig bergauf und bergab und bringt uns langsam auf die Höhe des tibetischen Hochlandes. Diese Trekkingtage vor der Kailash-Umrundung sollen uns akklimatisieren. Der höchste Punkt, den wir bei der Kora erreichen werden, liegt immerhin auf gut 5.600 Metern. Da soll die Luft schon sehr dünn und windig sein. Der höchste Pass auf dieser Strecke in Nepal ist 4.500 Meter hoch. Ich spüre die dünne Luft: Je höher wir hinaufkommen, desto mühsamer wird das Gehen, ich bekomme Kopfschmerzen.

Der Weg ist technisch nicht sehr anspruchsvoll, so kann ich meinen Gedanken nachhängen und auch meine Mantras innerlich rezitieren. Zum Beispiel: „Oh, mein Gott, ich danke dir." Es ist zwar ein buddhistischer und hinduistischer Pilgerweg, dennoch möchte ich „Gottes Größe" in mir tragen.

Am Weg treffen wir immer wieder Menschen, die uns bestaunen – so wie wir ihre Lebensweise bestaunen und mit Fotos festhalten. Mit dem Fotografieren habe ich allerdings mein Problem. Ich komme mir wie ein Eindringling vor.

Nach einem anstrengenden Tag „hatschen" wir auf der neu errichteten und endlos langen Straße auf die tibetische Grenze zu.

11. REISETAG: *Unendliches Frei-Sein*

Heute fahren wir in das Gebiet des Kailash. Als erstes erblicken wir den Berg „Gurla Mandata", der als weibliches Gegenstück zum Kailash gesehen wird. Der Kailash hingegen ist höchst männlich und gilt als Phallus des hinduistischen Gottes Shiva. Und dann, endlich, auf einem Pass sehen wir noch in weiter Entfernung die Pyramide des Kailash. Wir kommen zum tiefblauen Rakshastal-See und dann zum Manasarova-See. Für die Hindus ist der Manasarova sogar noch bedeutender als der Kailash. Am See besuchen wir ein Kloster, die Gossul Gompa. Der Ausblick hier ist mir in besonderer Erinnerung: über den See zu den Bergen im Hintergrund. In der Literatur wird er als „Blick ins Paradies" beschrieben. In dem Moment glaube ich zu verstehen, was mit Nirwana gemeint ist. Die Leere nicht als etwas Ausgelöschtes, Vergangenes, sondern als Frei-Sein, Stille, Atem, Wind. Der Gedanke an unsere Vorstellung vom Paradies kommt mir im Vergleich dazu aufdringlich und laut vor.

Die Nächtigung am See ist mühsam – mich hat die Höhenkrankheit erwischt. Kopfschmerzen und Übelkeit.

13. REISETAG: *In der Gemeinschaft feiern*

Unser Lager ist mittlerweile am Fuße des Kailash. Heute findet das große Saga-Dawa-Fest statt. Hunderte tibetische Pilger eilen herbei. Es ist beeindruckend zu sehen, mit welcher Freude und Hingabe die Menschen am Fest teilnehmen. Für sie startet die Kora, sobald der Mast mit den Gebetsfahnen aufgerichtet ist. Für uns beginnt sie morgen. Vorher besuchen wir noch ein Kloster in der Nähe.

14. REISETAG: *Dankbarkeit für den Moment*

Als wir unsere Kora starten, liegt der Kailash in der Morgensonne. Später ziehen leider Wolken auf, sogar Donnergrollen und Schneegestöber gibt es. Doch dann verziehen sich die Wolken wieder, und der Heilige Berg steht strahlend und nah vor uns. Es ist eine große Dankbarkeit in mir, diesen Augenblick erleben zu dürfen.

15. REISETAG: *Kälte und große Müdigkeit*

Heute ist der Kailash wieder hinter Wolken versteckt. Der Weg führt über den Dölma La, dem höchsten Punkt der Kora. Das Gehen in der dünnen Luft ist anstrengend, trotzdem mit Freude erfüllt. Unterwegs begegnen wir vielen Indern, teilweise auf Mulis. Sie fallen entweder fast herunter oder können sich kaum auf den Beinen halten, weil sie schlecht akklimatisiert sind. Es ist beängstigend zu beobachten, wie apathisch manche im Sattel hängen.

Tundum, unser tibetischer Begleiter, erklärt uns spirituelle Stationen am Weg. An einem Platz zum Beispiel lässt man etwas Persönliches von sich zurück; ein Kleidungsstück, ein Haar oder einen Fingernagel – als Zeichen dafür, dass man als neuer Mensch aus der Kora hervorgehen soll. Diese Station hat mich besonders angesprochen.

Endlich erreichen wir den Dölma-La-Pass, 5.600 Meter. Für die Tibeter heißt er „Pass der Retterin", für die Hindus „Die beim Überqueren Helfende". Gebetsfahnen flattern, Räucherwerk glost. Wir sind alle sehr dankbar, dass wir den Weg herauf geschafft haben. Dem Abstieg vom Pass folgt noch eine stundenlange Wanderung ins Tal hinaus gegen heftigen Wind. Diese Nacht ist die kälteste, minus zehn Grad. Ich bin heute unendlich müde, müde, müde. Und hätte gerne einen Sessel beim Essen.

16. REISETAG: *Stille Freude*

Heute geht es rund vier Stunden weiter talauswärts. Ich sehe den Manasarova-See ist in weiter Entfernung – ein Zeichen, dass wir uns dem Ende der Kora nähern. Und plötzlich haben wir es tatsächlich geschafft. Es ist kein spektakuläres Ende, nur ein Steinhaufen und Gebetsfahnen. Auch meine Freude ist nicht spektakulär. Sie ist still, dennoch riesengroß. Ob ich diese Reise noch einmal machen möchte? Ja. Es ist wie bei einer Entbindung: Man vergisst die Schmerzen und behält das Schöne in Erinnerung.

»Es ist eine große Dankbarkeit in mir, diesen Augenblick erleben zu dürfen.«
Anna Altzinger

Zur Person

Dr. Anna Altzinger ist praktische Ärztin in Dimbach, Oberösterreich. Sie hat zwei Söhne – Andreas, geb. 1982, und Jakob, geb. 1986. Die Kailash-Umrundung war nicht ihr erster Pilgerweg. Mit ihrem Mann ist sie bereits den Jakobsweg von Dimbach aus gepilgert. Mit dem Fahrrad und auf Etappen. Fünf Sommerurlaube radelten sie Santiago de Compostela entgegen.

DIE KAILASH-UMRUNDUNG

Im tibetischen Buddhismus, im Hinduismus, im Jainismus und im Bön gehört der Kailash zu den bedeutendsten spirituellen Orten und gilt als der heiligste Berg. Eine Umrundung des Kailash, eine Kora, ist für Menschen dieser Religionen die wichtigste Pilgerreise. Auf einem zirka 53 Kilometer langen Weg gelangt man auf eine Höhe von rund 5.600 Meter. Der Kailash selbst ist 6.683 Meter hoch und ist aus Rücksicht auf seine religiöse Bedeutung noch unbestiegen. Seine Spitze hat eine besonders symmetrische Form und gleicht einer Pyramide, die übrigens ganzjährig mit Schnee bedeckt ist, weshalb er von den Tibetern auch „Schneejuwel" genannt wird. Im Gebiet des Kailash entspringen vier Hauptflüsse, die Lebensadern Südasiens: Indus, Brahmaputra, Sutlej, Karnali. Anna Altzinger machte diese Pilgerreise gemeinsam mit Karl, ihrem Mann, und schloss sich einer organisierten Trekkingtour an. Der erste Teil der Pilgerreise war eine fünftägige Trekkingtour in Nepal Richtung Tibet, die vor allem der wichtigen Akklimatisation für das tibetische Hochland diente. Die Umrundung des Kailash selbst, inklusive Abstieg dauerte drei Tage.

GEGANGENE ROUTE

Frau Altzinger und ihr Mann flogen am 23. Mai von Wien nach Kathmandu. Zwei Besichtigungstage und zwei Nächte später ging der nächste Flug nach Nepalgunj, wo auf den Weiterflug in das nepalesische Hochland gewartet wurde. Am fünften Tag dann der einstweilen letzte Flug, nach Simikot, von wo aus die fünftägige Trekkingtour nach Tibet begonnen hatte. Die tägliche Gehzeit betrug zwischen fünf und acht Stunden. Am insgesamt zehnten Reisetag erfolgte ein Aufstieg auf den Nara La auf 4.580 Meter, und die Reisegruppe erreichte Tibet. Die nächsten drei Tage waren dem Besuch des Manasarovar-Sees auf 4.500 Meter Höhe gewidmet, ebenfalls ein Heiligtum der Hinduisten und Buddhisten, sowie der Besichtigung zweier Klöster und der Teilnahme am Saga-Dawa-Fest, einer religiösen Zeremonie. Dann kam der Höhepunkt, die drei Tage dauernde Umrundung des Kailash. Die anschließende Rückkehr nach Kathmandu erfolgte mit Autos. Nach insgesamt drei Wochen, am 12. Juni erfolgte der Rückflug nach Wien.

ALLGEMEINE INFOS

Allgemeine Infos zum Kailash unter
www.emmet.de/hb_kai7.htm

BUCHTIPP

Baumann Bruno: *Kailash. Tibets heiliger Berg*; München: Malik Verlag 2010 (NG Taschenbuch)

Binder Franz: *Kailash. Reise zum Berg der Götter*; München: dtv 2006

Everding Karl-Heinz: *Tibet. Lamaistische Klosterkultur, nomadische Lebensform und bäuerlicher Alltag auf dem „Dach der Welt"*; Köln: DuMont 1999

PERSÖNLICHE ERINNERUNGEN

MEIN WICHTIGSTES ACCESSOIRE

Zuerst mein Tagebuch, weil es mich motivierte, den Tag Revue passieren zu lassen. Dann wurden mir noch Teile der Gebetsfahnen wichtig, die vom letzten Saga-Dawa-Fest entfernt worden waren. Ich fragte mich immer, welche Gebete die Menschen mit diesen Tüchern wohl zu ihren Gottheiten geschickt haben?

BESONDERE ORTE

Gossul Gompa hat mich überwältigt. Bei dem Ausblick bekomme ich ein Gefühl dafür, was mit Nirwana gemeint ist. Und Chuku Gompa ging ich mehrere Koren um den Tempel, bei jeder Umrundung wieder der Blick auf den Kailash, drinnen wurde eben ein Pilger gesegnet ... wäre ich alleine hier gewesen, hätte ich die Koren noch länger fortgesetzt, ich fühlte mich „ganz da".

SPEZIELLER TIPP

Viel lesen über Land, Leute und Religion. Das macht ein ganz anderes Erleben möglich. Wanderungen als körperliches Training können auch nicht schaden.

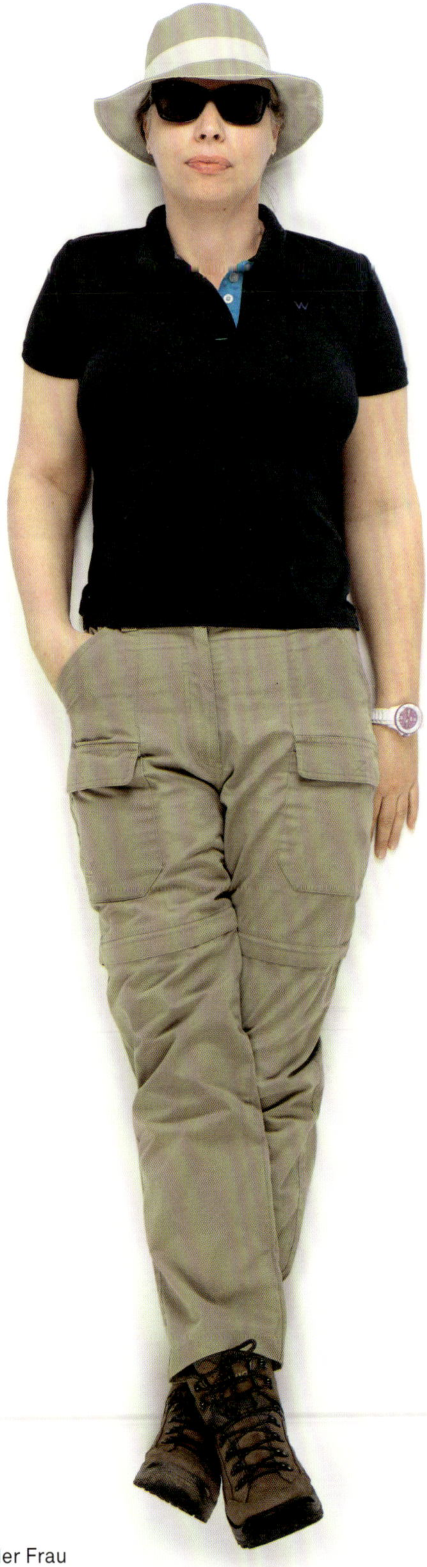

»Gehen war und ist immer Teil meines Lebens. Der Jesus Trail war meine erste Pilgerreise, allerdings habe ich bereits viele Kilometer Wegstrecke hin zu bekannten Wallfahrtsorten zurückgelegt.« Barbara Haas

Zeitlos pilgere ich auf den Spuren Jesu …

Im Alter von 42 Jahren hat Barbara Haas ihr Studium der Katholischen Religionspädagogik begonnen. 2011 hat sie spondiert. Diese Leistung, so fand sie, gehörte belohnt. Mit einer Zeit für sie als Frau, fernab von Familie und Schreibtisch. Wandern auf den Spuren Jesu, im Heiligen Land. Das war für Barbara Haas eine angemessene Belohnung. Wieviele Stunden, Tage, Semester hatte sie sich nun mit der Heiligen Schrift auseinandergesetzt? Und immer gab es den Wunsch, das Land der Offenbarung Gottes zu erfahren, zu begehen und zu erfühlen … Diesen Traum erfüllte sie sich im September und ging von Nazareth bis Capernaum am Galiläa-See.

1. SEPT., 1. TAG: *Es dauert Kilometer, bis die Ruhe da ist*

Wir, 16 Frauen und Männer, vereinbaren, den Weg schweigend, einzeln im Abstand von 30 bis 40 Metern zu gehen. Das ist eine neue Erfahrung für mich. Ich dachte, wir wandern ein wenig plaudernd, lernen uns kennen; die Gruppe ist immerhin bunt zusammengewürfelt.

Es ist unglaublich heiß, keine einzige Wolke am Himmel, der Boden staubig und trocken. Meine Gedanken kreisen: „Habe ich genug Wasser? Der Rucksack ist schwer! Was machen die Meinen gerade zu Hause?“ Es dauert einige Kilometer, bis mein Denken langsamer und mein Gehen gleichmäßiger wird. Die Temperatur liegt um die 30 Grad oder mehr, die Luft flackert. Und plötzlich, nach vielleicht zehn Kilometern merke ich, jetzt ist sie da, die Ruhe. Innen und auch außen. Nur wir sind unterwegs, kein Einheimischer geht bei solchen Temperaturen aus dem Haus, kein Auto, kein Maschinenlärm, kein Handy, nicht einmal ein Vogel singt, es gibt auch keinen Bach, der eine Melodie plätschert. Nichts, außer Steine, Staub, Hitze, Dornen, Trockengras. Das Schauen wird leicht, nichts fordert meine Aufmerksamkeit. Meine Füße finden den Weg. Alleine möchte ich nicht gehen. Der, der uns allen vorangeht, weiß den Weg. Ich vertraue ihm. Da ist noch einer, der, der zum Schluss geht und aufpasst, dass keiner verloren geht. Es ist ein gutes Gefühl, geführt und behütet zu sein. Ich kann alles lassen. Ich brauche jetzt für niemanden zu sorgen, nur für mich. Genau hierher, nach dieser Hitze, Weite und Fremde habe ich mich gesehnt. In mir ist eine tiefe Ruhe.

2. TAG: *In der Kargheit die Schönheit entdecken*

Gestern Abend sind wir spät im Kibbuz angekommen, müde und dreckig. Die Nacht war ruhig, und erholt starten wir heute zu einer 25 Kilometer langen Wanderung. Unser erstes Ziel sind die Hattinshörner, ein Anstieg, der mit Ausblick auf den See Genezareth belohnt wird. Die Methode des Gehens ist uns schon vertraut, schweigend, einzeln, mit Abstand. Heute ist alles schon viel leichter, die Gedanken und auch der Rucksack. Ich trage nur Wasser. All die Dinge, von denen ich geglaubt habe, ich brauche sie während des Tages, habe ich zurückgelassen.

Kann man sich auch im Schweigen kennen lernen? Es hat sich so etwas wie eine natürliche Reihung unserer Gruppe entwickelt. Manche gehen gerne vorne, andere bleiben eher hinten. Ich bin es gewohnt voranzugehen, Kraft zu zeigen, Verantwortung zu übernehmen. Heute nehme ich mir vor, hinten zu gehen, die Schnelligkeit des Schrittes nicht selbst zu suchen, sondern auf meine Vorgänger abzustimmen. Unser Schlussmann, ein Jesuit, betet und singt laut aus seinem Brevier. Ich höre sein Flehen und Rufen, sein Jubeln und Loben. Er hat eine schöne Stimme. Ich fühle mich wohl am Ende der Gruppe. Diesen Gedanken werde ich mir mit in meinem Alltag nehmen: Ich werde ab und zu einen Schritt nach hinten treten. Werde ich mir das auch merken können?

»Ein unglaublicher Blick auf den See Genezareth tut sich auf. Wie schön ist das Land, in dem Gott sich offenbart hat!«

Barbara Haas

Inzwischen sind wir auf den Hattinshörnern. Ein unglaublicher Blick auf den See Genezareth tut sich auf. Wie schön ist das Land, in dem sich Gott offenbart hat! Es geht wieder hinunter, nun liegt der schwierigste Teil der Wanderung vor uns, das Wadi Hamam, das Taubental. Ein Tal ohne Quelle, heiß und trocken. Es ist ein karges Land. Das Gehen wird schwerer, der Weg herausfordernd, ich muss mein Wasser rationieren. Ich weiß nicht, wie lange die Wanderung noch dauern wird, sicher Stunden. Es wird beschwerlich. Wie oft ging wohl Jesus diesen Weg? Er kann nur diesen Weg gegangen sein, es gibt nur die Möglichkeit durch das Wadi Hamam. Ich möchte rasten. Aber wo? Kein Baum, kein Schatten. Durchhalten, es geht weiter. Ich kann durchhalten. Ich schaue nicht mehr auf die Uhr, zeitlos pilgere ich auf den Spuren Jesu. Und dann taucht er auf, zuerst seine Krone, dann sehe ich die ersten Mitpilger, wie sie sich unter dem großen, alten Olivenbaum ausstrecken. Keiner spricht, alle genießen das Ruhen. Wie einst die Jünger Jesu. Am Ende des Tals gibt es eine Quelle, die einzige. Wir alle sehnen uns nur noch nach dieser versprochenen Quelle. Unser Wasservorrat ist praktisch aufgebraucht. Wir brechen wieder auf, schweigend einzeln und wandern dem Ziel entgegen. Nach einer Stunde erreichen wir eine kleine Quelle, gefasst in einem Plastikrohr. Das Wasser ist klar, aber irgendwie warm, nicht so, wie wir es von unseren kalten und erfrischenden Gebirgsquellen kennen. Unserer Freude tut das keinen Abbruch. Gleichmäßig quillt das Wasser aus der Quelle hervor, wir alle haben noch nie besseres und wichtigeres Wasser getrunken. Wir alle lachen und strahlen, wir haben die Quelle gefunden, und sie löscht unser aller Durst.

3. TAG: *Vollkommenes Glück in der Gemeinschaft*

Wir sind zu einer tollen Gruppe zusammengewachsen. Das gemeinsame Gehen stärkt. Heute starten wir vom Ort der Brotvermehrung. „Fünf Brote und zwei Fische“, wie oft haben wir alle zu Hause diesen Worten gelauscht. Aber hier, direkt vor Ort, mit allen Sinnen pilgernd, eröffnet sich eine neue Dimension, die hinter diesen Worten steckt.

Wolkenlos blauer Himmel, Hitze. Es geht bergauf, durch ein goldgelbes Feld. Die trockenen Pflanzen ähneln unserem Hafer. Ich kann mich nicht sattsehen. Mit jedem Meter, den wir aufsteigen zum Berg, wird der Blick über den See Genezareth prachtvoller. Was für ein unglaubliches Land! Ich vergesse Schweiß, Anstrengung, meine müden Beine. Wann in den letzten Jahren hatte ich eine so intensive Zeit für mich? Familie, Kinder, Beruf, Hausbau, Ausbildungen, Ehrenamt; schaffen, planen, mitdenken. Immer ein Eilen ohne Rast und Ruh'. Jetzt reicht Schauen und Gehen.

Wir sind da. Am Berg der Seligpreisungen. Gemeinsam haben wir ihn erreicht und gemeinsam feiern wir dort Eucharistie. Alles ist satt und grün, Vögel singen. Pilger aus vielen Nationen beten, singen und feiern miteinander. Es ist ein fröhliches und lebendiges Sprachgewirr. Solche Augenblicke sind vollkommen. Sie werden sich für immer in mein Herz einbrennen. Danke!

Zur Person

Ing.in, Dipl. Päd.in, Bakk.theol. Barbara Haas, seit 25 Jahren verheiratet und Mutter von 3 Kindern lebt in Lans, sechs Kilometer südlich von Innsbruck. Sie hat 2007 noch ein Studium begonnen: Katholische Religionspädagogik an der Theologischen Fakultät Innsbruck. Diese Reise war ihre Belohnung. Im März 2012 wurde sie zur Vorsitzenden der Katholischen Frauenbewegung Österreich gewählt.

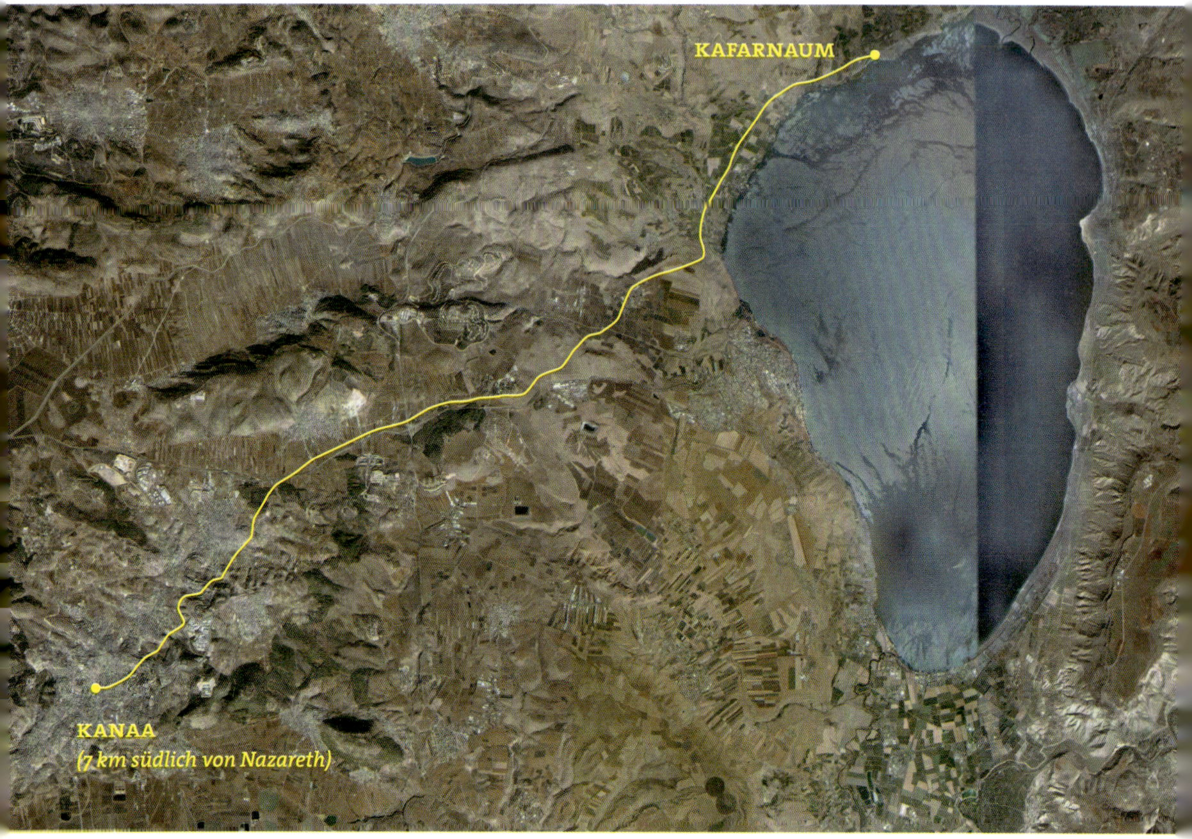

DER JESUS TRAIL

Der Jesus Trail ist ein ca. 65 Kilometer langer Pilgerweg in Galiläa im Norden Israels. Die Strecke verbindet zahlreiche Stätten des Lebens und Wirkens Jesu. Stätten, die übrigens sowohl für Christen, Muslime, Juden und Drusen von Bedeutung sind. Es ist anzunehmen, dass Jesus viele dieser Wege selbst gegangen ist. Der Jesus Trail beginnt in Nazareth, verläuft über die Hattinshörner und den Berg Arbel, führt vorbei am See Genezareth, an dem auch Tabgha liegt, der Berg der Seligpreisung, und endet in Kafarnaum. Die biblische Grundlage für diesen Weg ist ein Zitat Jesu aus dem Matthäusevangelium: „Er verließ Nazareth, um in Karfarnaum zu wohnen, das am See liegt." Der Jesusweg wurde 2007 ins Leben gerufen – auch als Brücke zwischen den Kulturen und Religionen – und wird heute von einer Gruppe ehrenamtlich Helfender verwaltet. Er lässt sich in vier bis sechs Tagesetappen erwandern, die jeweils zwischen 13 und 19 Kilometern lang sind. Das freie Kampieren entlang der Strecke ist großteils erlaubt.

GEGANGENE ROUTE

ETAPPE 1

Von Kanaa, dem Ort des ersten Wunder Jesu über Tur'an zum Kibbuz Lavi

LÄNGE: knapp 20 km
GEHZEIT: 5 Stunden
SCHWIERIGKEITSGRAD: überwiegend leicht
HÖHENMETER: 200 m aufwärts, 200 m abwärts

ETAPPE 2

Vom Kibbuz Lavi über die Hattinshörner zum See Genezareth

LÄNGE: ca. 25 km
GEHZEIT: 7 Stunden
SCHWIERIGKEITSGRAD: mittel bis schwer (der Jesus Trail direkt über den Arbel enthält zwei drahtseilversicherte Passagen im Abstieg, sie können aber westlich über das Taubental oder westlich des Arbels umgangen werden)
HÖHENMETER: 150 m im Aufstieg und 500 m im Abstieg (bei Mitnahme des Arbel zusätzlich gut 250 m hinauf und hinunter)

ETAPPE 3

Vom Ort der Brotvermehrung Tabgha zum Berg der Seligpreisungen und weiter nach Kafarnaum

LÄNGE: 2 und 3 km
GEHZEIT: zusammen 1–2 Stunden
SCHWIERIGKEITSGRAD: leicht
HÖHENMETER: ca. 200 m aufwärts und abwärts

PERSÖNLICHE ERINNERUNGEN

MEIN WICHTIGSTES ACCESSOIRE

Seit Studienbeginn begleitet mich meine kleine (8,5 cm x 12,5 cm) Elberfelder Bibel auf all meinen Reisen, natürlich war sie auch in Israel mit dabei. Wir waren als Pilgergruppe unterwegs und lasen immer wieder Texte aus der Heiligen Schrift an den entsprechenden biblischen Orten.

BESONDERE ORTE

Das Pilgerhaus in Nazareth. Dort leitet Schwester Martha Bertsch SSND aus Vorarlberg das Haus mit viel Wärme und großer Umsicht. Pilger sind dort immer willkommen. Im übrigen suchen sie dort VolontärInnen, auch PensionistInnen. Vielleicht eine gute Gelegenheit ...
http://www.afpilgrimhouse.com

SPEZIELLER TIPP

Israel ist ein beeindruckendes Land, ein Land der Gegensätze und Vielfalt in Bezug auf Religion, Völker, Sprachen und Vegetation. Israel ist nicht nur ein Land der Geschichte, sondern eines, wo Tagespolitik Geschichte schreibt. Wichtig ist, mit offenen Augen, nicht urteilend, sondern beobachtend Land und Leute kennenzulernen. Hilfreich ist, sich eine Form von Basiswissen über Land und Leute anzueignen. Beeindruckt war ich von der Freundlichkeit der Menschen und von den vielfältigen Formen der gelebten Spiritualität, sei es bei den Juden, Christen, Muslimen und vielen anderen.

ALLGEMEINE INFOS

Hintergründe, detaillierte Informationen sowie Angaben zu einem empfohlenen Reiseverlauf mit Kilometerangaben finden sich unter: *http://de.jesustrail.com.*

BUCHTIPP

Anna Dintaman, David Landis: *Hiking the Jesus Trail and Other Biblical Walks in the Galilee*, Village to Village Press, 2013

»Ich muss immer wieder über den Satz meditieren: Wer den Weg nicht verliert, bleibt auf der Strecke.«

Ferdinand Kaineder

Das Leben kommt dir entgegen Das heißt loslassen können

Eigentlich wollte Ferdinand Kaineder von seiner Haustüre bis zur Lutherstadt Wittenberg gehen, der Wiege der Reformation. 15 Tage lang ist er diese Strecke auch gegangen, vom Mühlviertel aus stets Richtung Norden. Dann aber ist es ganz anders gekommen. Ungeplant änderte er sein Ziel, indem er einem inneren Impuls folgte. Knappe vier Wochen war er insgesamt unterwegs und pilgerte in dieser Zeit von Kirchschlag nach Volkenroda.

7. TAG: *Sich den Gegebenheiten hingeben*

Es ist Frühling, daher erlaube ich es mir, „querfeldein" zu gehen. Das waren meist Abkürzungen, aber auch dann und wann ungewollte Verlängerungen. Aber anstatt wärmer wird es von Tag zu Tag kälter. Der Schnee zwingt mich auf die Südvariante des Goldsteiges. Ich bin alleine unterwegs. Und es geht gut. Der Körper hat die Gehbewegung nach einer Woche wieder gut aufgenommen. Wie immer habe ich auch diesmal nur das Ziel geplant, alles andere lasse ich auf mich zukommen: Gehzeiten, Kilometer, Übernachtungsmöglichkeiten. Zur Not habe ich eine Matte und einen Schlafsack dabei. Ich will nichts planen, nichts abwiegen, möglichst wenig Zahlen, schon gar keine „Excel-Zelle". Daher kann ich zum Beispiel nicht sagen, wie schwer mein Rucksack ist. Er fühlt sich nicht zu schwer an, das reicht. Ich will mich ganz auf den Weg einlassen und darauf, was passiert. Ich mache immer wieder die Erfahrung, dass einem das Leben entgegenkommt. Wenn man es zulässt. Das ist Gnade. Ist alles verplant, vergibt man sich diese Chance. Im Alltag ist das genau so.

15. TAG: *Das Ziel liegt nicht am Weg*

Wenn du deinen Weg finden willst, musst du ihn verlassen. In Waldsassen habe ich gespürt, dass ich mein ursprüngliches Ziel verlassen soll und meiner Intuition nach Volkenroda folgen will. Mitten am Weg an diesem Tag sehe ich plötzlich die große Tafel „Via Porta". Sie löst eine spontane Idee aus. Liegt das ursprüngliche Ziel nicht mehr am Weg? Ich lasse mir Zeit, über folgenschwere Entscheidungen schlafe ich immer eine Nacht. In meiner Unterkunft an diesem Abend sitzen am Nebentisch zwei Manager und sprechen über ihre Firma. Es fallen Sätze wie „Die Idee waren Geräte für den Wintersport, und heute sind wir am erfolgreichsten im Sommer-Outdoorbereich".

Ich werte das als „Zeichen“ und ändere mein Ziel.

16. TAG: *Ein Umweg bringt Erfahrung*

Mein erster Tag auf der „neuen“ Route. Ich wollte Richtung Hohenberg eine „Querfeldein-Abkürzung“ nehmen. Es ist das Grenzgebiet des ehemaligen eisernen Vorhanges. Was ich nicht bedacht habe, dass die Eger ein Fluss ist, den man nur über Brücken überqueren kann. So finde ich mich in einem Sumpfgebiet wieder. Mehr als eineinhalb Stunden irre ich umher. Allerdings darf ich die Tier- und Pflanzenwelt in einer unberührten Natur kennenlernen, drei Biberburgen entdecke ich auch. So wurde der Umweg, der eigentlich ein Direktweg hätte sein sollen, ein besonderer Erfahrungsweg. Ich muss immer wieder über den Satz meditieren: Wer den Weg nicht verliert, bleibt auf der Strecke.

»Das Gehen öffnet die Seele und das Gemüt. Gehen verändert den Menschen. Nicht nur körperlich, vor allem innerlich.«
Ferdinand Kaineder

19. TAG: *Begegnungen am „Grünen Band“*

Ich komme auf den Rennsteig, Deutschlands bekanntester Weitwanderweg. Hier entlang verlief die ehemalige Grenze zur DDR, gesäumt von beklemmenden und berührenden Momenten. Menschen am Weg schildern, wie für viele dieser Weg einst nach zwei Dritteln im Stacheldraht endete. Ich befinde mich in der „Todeszone“. Angesichts dieser Tatsache empfinde ich den Schnee, der sich ein paar Mal unter die Schuhe schiebt oder Zäune und Bäche, die mir im Weg sind, als leichte Hindernisse. Bei Brennersgrün kommen mir zwei junge Männer entgegen. Sie gehen in der Karwoche den Rennsteig. Wir plaudern miteinander. Der eine fragt, ob allein gehen nicht fad sei. Ich antworte ihm: „Das kommt darauf an, ob du dich selber kennen lernen willst oder nicht.“ Viele Menschen haben Angst vor dem Alleinsein. Diese Angst abzulegen ist das Höchste, auch für das Pilgern. Es ist notwendig, das Urvertrauen dem Leben gegenüber wieder anzuzapfen, sich die Welt und die Menschen gut zu denken. Welches Vorzeichen gebe ich dem Leben: Plus oder minus? Die beiden Rennsteig-Wanderer wünschen mir nach diesem Gespräch alles Gute und bedanken sich intensiv. Ich habe ihnen eine Wegzehrung mitgegeben.

25. TAG: *Gehen verändert*

Im wunderbaren Naturpark Hainich nach Behringen geht ein junger Mann eine längere Strecke mit mir. Er betreut Österreich in einem Logistikunternehmen. Er braucht die Natur, weil er sonst „den ganzen Tag in den

Computer schaut". Er fragt mich, ob ich auch bete beim Pilgern und Gehen. „Ja, meine Füße andauernd", meine ich. Und ich sage ihm auch, dass sie mich in den Himmel beten. Und der Himmel liegt nicht jenseits meiner Welt. Pilgern ist Beten mit den Füßen. Das Gehen öffnet die Seele und das Gemüt. Gehen verändert den Menschen. Nicht nur körperlich, vor allem innerlich. Das zeigt sich dann in der gesamten Ausstrahlung. Dazu könnte ich viele Geschichten erzählen. Selbst wer sich nicht als Pilger oder Suchender auf den Weg begibt, kann sich der wandelnden Kraft des Gehens nicht entziehen. Es passiert automatisch. So kann dann auch Neues Platz finden. Beim größten Baum Deutschlands verabschiedet sich der junge Mann von mir und meint: „Ich werde auch weit gehen, weil es Zeit für Neues wird."

26. TAG: *Deo gratias*

Ich bin am Ziel! Das Ankommen im Kloster Volkenroda am Ostermontag ist ein besonderer Moment. Ich öffne die Kirchentüre. Sie knarrt ganz laut. Drinnen ist gerade der Gottesdienst im Gange. Stille nach der Kommunion. Alle schauen auf mich. Es ist mir peinlich und ich setze mich gleich nieder. In diesem Moment beginnt das Orchester mit dem „Dankestück", so als ob sie es extra für mich spielten. Ich bin zutiefst berührt und dankbar nach diesem Weitgehen. So ein Empfang ist ein Geschenk, das einem das ganze Leben immer wieder als Bild begegnet. Nach dem Gottesdienst kommen viele Menschen zu mir und begrüßen mich, wollen reden und mancher will sogar von mir als Pilger gesegnet werden. Deo gratias!

Zur Person

Mag. Ferdinand Kaineder ist Theologe, Kommunikationslotse und Coach. Seit seinem 18. Lebensjahr geht er viel, „am liebsten alles zu Fuß". Mindestens einmal im Jahr organisiert er eine Bergwoche, siebenmal war er schon in Mariazell. Aber auch andere Weitwanderungen hat er bereits unternommen. Sie längster Pilgerweg war der nach Assisi. 1.400 Kilometer zu Fuß. In Assisi hatte er die wunderbare Erkenntnis, „dass das Leben in einen Rucksack passt". Es braucht nicht mehr zur persönlichen Erfüllung. Sein typischstes Pilger-Kennzeichen ist, dass er stets direkt von seiner Haustüre im oberösterreichischen Kirchschlag weggeht.

Sein Weitgehen nach Assisi im Jahr 2009 hat er im folgenden Buch beschrieben: Kaineder Ferdinand: *Mein Weg nach Assisi;* Grünbach: Edition Geschichte der Heimat 2009

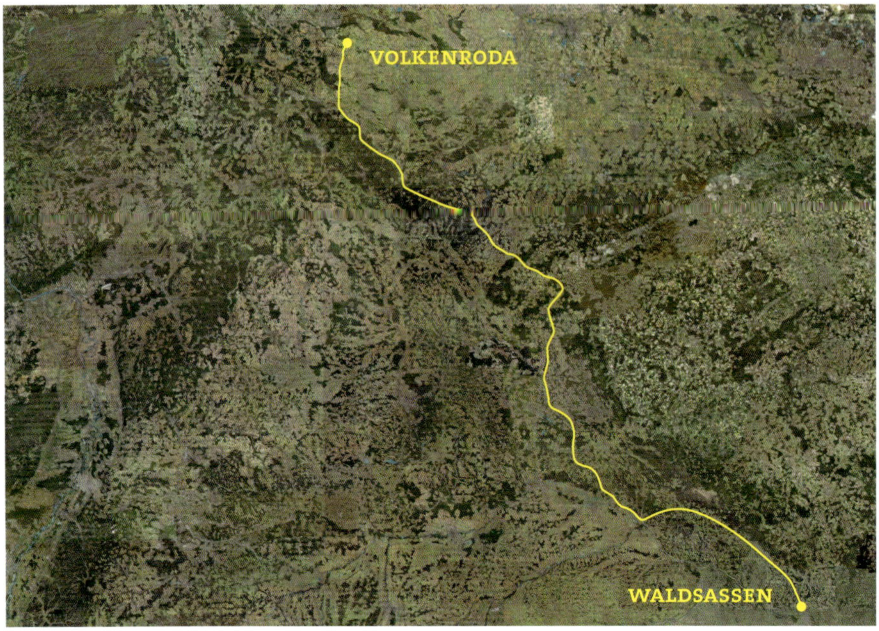

DIE VIA PORTA

Die Via Porta ist ein ökumenischer Pilgerweg, der das katholische Zisterzienser-Kloster in Waldsassen mit dem Kloster der evangelischen Jesus-Bruderschaft in Volkenroda verbindet. Der Weg geht bereits auf das Jahr 1133 zurück. Damals wurden zwölf Zisterzienser-Mönche von ihrem Mutterkloster in Kamp/Niederrhein nach Volkenroda geschickt, um auf der ehemaligen, zerstörten Reichsburg ein Kloster aufzubauen. Da ihr Ruf sehr gut war, holte sie zwei Jahre später der Markgraf Diepold III zur Gründung des Klosters in Waldsassen. Die Via Porta ist aber auch ein europäischer Weg. Zum einen vereint sie zwei einst getrennte Bundesländer, nämlich das ehemalig ostdeutsche Thüringen mit Bayern; zum anderen führen zwei Tagesetappen durch Tschechien. Die gesamte Route von Volkenroda nach Waldsassen erstreckt sich über 300 Kilometer, die in 18 Tagesetappen zu bewältigen sind. Die Via Porta wurde im Mai 2010 eröffnet und schließt an den bereits zur Expo 2000 geschaffenen Pilgerweg von Volkenroda nach Loccum an. Ferdinand Kaineder ist die gesamte Via Porta ab Waldsassen gegangen, also eigentlich in der „verkehrten" Richtung, nachdem er ursprünglich von Kirchschlag Richtung Wittenberg gegangen ist. Gut 400 Kilometer war er daher schon unterwegs, als er den ersten Schritt auf der Via Porta machte. Für ihn war diese Strecke sehr berührend, weil man immer wieder an Mahnmalen der Geschichte vorbeikommt und lange Zeit an der ehemaligen Grenze BRD-DDR entlanggeht.

GEGANGENE ROUTE

Insgesamt war Ferdinand Kaineder 26 Tage unterwegs, 24 davon gehend, durchschnittlich zwischen 25 und 35 Kilometer pro Tag. Am 15. Tag nach seinem Start in Kirchschlag kam er in Waldsassen an. In dieser Nacht entschied er sich, die Via Porta weiter zu gehen und sein ursprüngliches Ziel aufzugeben. Ab dem 16. Tag also folgte er der Via Porta, elf Tage lang. Am Ostermontag 2012 kam er in Volkenroda an, genau beim Dankgebet im Gottesdienst.
Wer sich einen genaueren Überblick über die einzelnen Etappen verschaffen will, findet diesen auf Kaineders Homepage unter:
www.kaineder.at/wordpress/?p=3004

ALLGEMEINE INFOS

Allgemeine Infos, Fotos, geschichtlicher Hintergrund als auch viele Details wie Kartenmaterial, Etappenbeschreibungen inklusive sämtlicher Angaben wie Höhenmeter, Gehzeit, Weglänge und Übernachtungsmöglichkeiten finden sich auf *www.viaporta.de*

PERSÖNLICHE ERINNERUNGEN

MEIN WICHTIGSTES ACCESSOIRE

Eigentlich sind es zwei Dinge, die mir besonders wichtig sind, und zwar nicht nur auf dieser Reise, sondern auf jeder Reise. Sogar im Alltag sind diese zwei „Glücksbringer" stets dabei, etwa beim Walking oder bei Skitouren. Es sind dies zum einen meine Gehstöcke, wovon einer fix ein „Jägerstätter-Kreuz" trägt, das ich vom Enkel Franz Jägerstätters bekommen habe. Zum anderen ist es das Tau-Kreuz des Hl. Franziskus, das immer an meinem Rucksack hängt.

BESONDERE ORTE

Das Zisterzienserinnen-Kloster Waldsassen ist ein besonderer Ort. Vor allem haben mich die modernen Kunstwerke in der barocken Kirche angesprochen. Auch die Pilgerherberge hat eine sehr angenehme Atmosphäre. Fragen sie nach Sr. Sophia. Einzelne Wegstrecken führen direkt am „Grünen Band Europas" entlang. Es ist beeindruckend, wie die Natur diesen Todesstreifen zuwächst. Die Vielfalt der Vegetation ist wunderschön. Man hat fast den Eindruck, dass Natur Versöhnung wachsen lässt. Gedenkstätten sind künstlerisch ansprechend gestaltet. Und die Holzkirche von Neustadt am Rennsteig gehört zu den schönsten und größten Holzkirchen in Thüringen. Wenn sie verschlossen ist, dann kann man den Schlüssel dafür in der Touristeninformation (bis 18 Uhr) ausleihen.

SPEZIELLER TIPP

Besteigen Sie alle Aussichtstürme, die ihnen am Weg begegnen. Sie bieten einen wunderbaren Überblick über das Woher und Wohin. Und gehen Sie auf Menschen aktiv zu und fragen Sie sie, was sie bewegt, wie sich dieser Ort und diese Gegend entwickelt haben. Die Leute erzählen gerne und wirklich Interessantes über ihre Dörfer und ihr Land. Auf der Heimfahrt lohnt sich ein Abstecher nach Eisenach – eine wunderbare Stadt.

»Mein Körper ist zum Gehen geboren. Seit über 30 Jahren reise ich am liebsten zu Fuß. Gehen hat für mich prägende Bedeutung.«

Markus Schlagnitweit

Die intensivste Art, einem Land zu begegnen

Im Sommer 2010 kehrte Markus Schlagnitweit dorthin zurück, wo seine Wanderleidenschaft ihren Ausgang genommen hat: in den Norden Europas. Damals, im Sommer 1980, direkt nach der Matura, machte er sich erstmals über größere Distanzen auf den Weg und absolvierte eine Serie von mehrtägigen Fußmärschen durch verschiedene Nationalparks in Finnland, Schweden und Norwegen. Im Juli und August ging er von Oslo bis Trondheim, 23 Tage lang pilgerte er durch Norwegen.

Nun, zum 30-Jahr-Jubiläum meiner Wanderleidenschaft, die mein ganzes bisheriges Leben prägt, bin ich erneut zurückgekehrt in das für mich landschaftlich reizvollste Land Nordeuropas: nach Norwegen. Diesmal suchte ich aber nicht die unberührte Wildnis und die persönliche Grenzerfahrung, sondern die Begegnung mit der Geschichte und aktuellen Lebenskultur des Landes. Und zwar auf die intensivste, aufrichtigste und ursprünglichste Art: durch Gehen. Historische Pilgerrouten wie der St.-Olavs-Weg erweisen sich dafür als besonders geeignet. Meine Entscheidung für die „kulturelle" Variante des Haupt-Weges war rasch getroffen. Der Weg beginnt im frühmittelalterlichen Zentrum von Oslo, führt über ein fruchtbares, weitläufig-hügeliges Bauernland, vorbei am Mjøsa-See, dem größten Binnensee Norwegens, mündet sodann in das Gudbrandstal, die historisch und kulturell bedeutsamste Talschaft Norwegens, überquert an deren Ende das Hochland des Dovre-Gebirges und führt schließlich im Trondheim-Fjord ans Ziel.

Die Anreise erfolgte – nicht unbedingt nach meinem Geschmack – per Direktflug Wien – Oslo. (Die 26-stündige Zugreise hätte selbst bei Inanspruchnahme aller Billigtarife das sechsfache gekostet! Ich habe stattdessen die Flug-Selbstbesteuerung via *www.atmosfair.de* als ökologische Kompensation gewählt.)

1. TAG: *Leichter Anfang – schwerer Rucksack*

Die erste Wanderetappe von 18 Kilometer unternehme ich ohne Rucksack. Sie führt an vielen wichtigen Sehenswürdigkeiten der norwegischen Hauptstadt vorbei. Am Abend bringt mich ein Linienbus zum Ausgangspunkt zurück, und ich verbringe eine zweite Nacht in der Jugendherberge.

Am nächsten Tag geht's dann richtig los – mit Rucksack. Dieser erfordert diesmal etwas höhere Lastkapazitäten: Da die Preise in Norwegen eher astronomisch als gastronomisch sind und die Route (noch?) über kein durchgängiges Netz an günstigen Jugend- oder Pilgerherbergen verfügt, ist gelegentliches Campieren mit Zelt, Kochzeug etc. angesagt. Das ist in Skandinavien fast überall erlaubt. Zudem ist selbst im Sommer das Klima eher feucht-kalt, weshalb entsprechende Schutzkleidung einzupacken war. Und für den Abschnitt über das Dovre-Fjell muss überhaupt Proviant für drei bis vier Tage mitgetragen werden. Ein Glück, dass mir 16 bis 20 Kilo auf den Schultern keine Probleme bereiten!

»Die ungewöhnliche Offenheit der Norweger gehört für mich zu den eindrücklichsten Erfahrungen auf dieser Wanderung.«
Markus Schlagnitweit

8. Tag: *Norwegische Gastlichkeit!*

Bereits auf den ersten Etappen habe ich die wunderbare Erfahrung gemacht, wie offen und gastfreundlich viele Norweger sind. Am Ende der vierten Etappe zum Beispiel bat ich, auf dem weitläufigen Gelände eines großen Gehöfts zelten zu dürfen. Sofort wurde mir ein Gastzimmer angeboten. Am Abend erkundigte sich die Bäuerin nach meinen weiteren Etappenzielen und rief umgehend eine Bekannte an, bei der ich gleich die nächste Nacht verbringen durfte. In den folgenden Tagen wurde ich gewissermaßen von einer Familie zur nächsten weitergereicht und erlebte überall die großzügigste Gastfreundschaft. Für Lillehammer gab man mir schließlich die Mobil-Nummer eines der wenigen katholischen Pfarrer des Landes. Der weilte zwar selbst gerade mit einer Jugendgruppe in Trondheim, überließ mir aber nach einem kurzen Telefonat spontan seine Stadtwohnung, ohne mich zu kennen oder sonst von mir zu wissen.

14. Tag: *Schlafen wie im Mittelalter*

Ich habe es mir zur Angewohnheit gemacht, bei meinen Reisen immer ein wichtiges literarisches Werk des Landes in meinen Rucksack zu packen. Diesmal fiel die Wahl leicht: „Kristin Lavranstochter" der norwegischen Literaturnobelpreisträgerin Sigrid Undset. Der Roman beschreibt die Lebensgeschichte einer sehr starken Frauengestalt aus dem gehobenen Bauernstand des norwegischen Mittelalters. Die wichtigsten Stationen dieser faszinierenden Vita liegen genau auf meiner Route. Der Roman wurde auch verfilmt, wozu inmitten des Gudbrandstals ein großes Bauerngehöft nach mittelalterlichen Plänen errichtet wurde. Heute dient es als Freilichtmuseum. Dort habe ich das einmalige Erlebnis, den langen Abend und die folgende Nacht völlig allein auf diesem ehemaligen Filmset verbringen zu dürfen; eine mittelalterliche Bettkammer ist meine Pilgerherberge! Die für unsere Begriffe weitaus zu kurzen Betten, in denen man einst sitzend mit angewinkelten Beinen schlief, nehme ich dafür gerne in Kauf.

23. TAG: *Offene Gesellschaft*

Die ungewöhnliche Offenheit der Norweger gehört für mich zu den eindrücklichsten Erfahrungen auf dieser Wanderung: unversperrte Privathäuser, die mit einem Zettel am Tor Pilger einladen, es sich auch in Abwesenheit der Besitzer bequem zu machen; oder Berghütten ohne Wirte, dafür mit offenem Proviantlager und der bloßen Bitte, das Geld für entnommene Lebensmittel in einem Kuvert zu hinterlegen. Die norwegische Gesellschaft – in ihrer Aufrichtigkeit, ihrem gegenseitigen Vertrauen und Respekt vor dem Eigentum anderer eine selten gewordene Allianz von zivilgesellschaftlichem Gemeinschaftssinn, Hilfsbereitschaft und ehrlichem Interesse am Fremden – vermittelt dem Pilger in der sonst eher rauen Naturlandschaft ein Gefühl der Sicherheit und Geborgenheit. Es kommt wohl auch nicht von ungefähr, dass es nirgendwo sonst in Europa so selbstverständlich ist, auf den zahlreichen Wanderrouten auch allein gehende Frauen anzutreffen ...

... sofern man überhaupt auf andere Wanderer trifft. Denn trotz ihrer landschaftlichen Schönheit, ihrer Bedeutung für die kulturelle und religiöse Entwicklung des Landes und der wunderbaren Menschen entlang der Strecke sind die St.-Olavs-Wege offenbar immer noch ein absoluter Geheim-Tipp unter Europas großen Pilgerrouten.

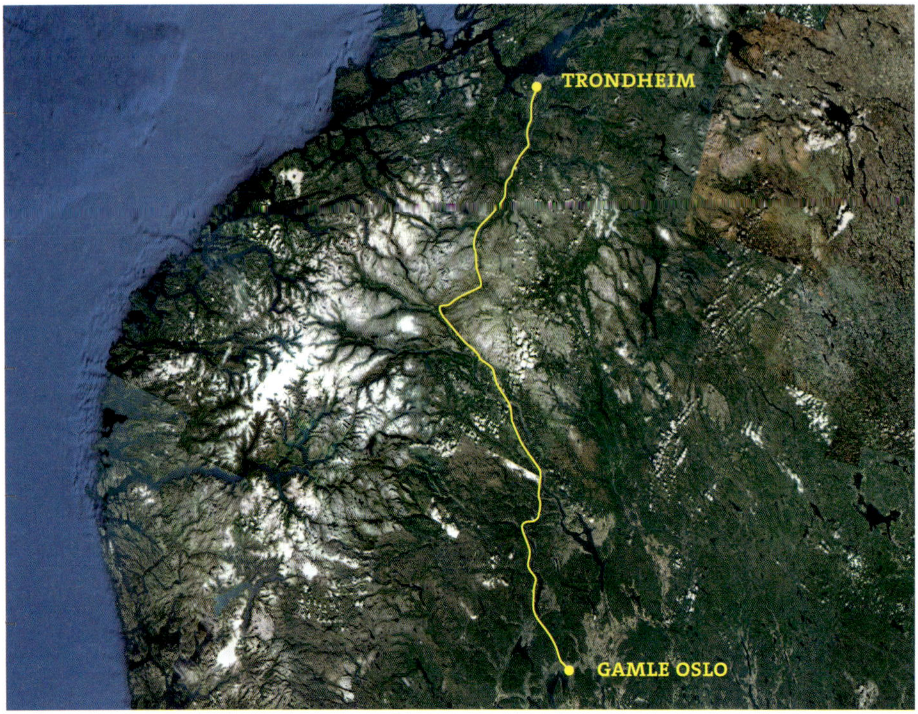

DIE ST.-OLAVS-WEGE

Die nordischen Pilgerwege haben das Grab des Heiligen Olav zum Ziel, das sich in der größten gotischen Kathedrale Skandinaviens, dem Nidaros-Dom zu Trondheim, befindet. König Olav II. Haraldsson war ein an sich recht kriegerischer Wikinger-König; ihm wird allerdings eine Hauptrolle in der Christianisierung Norwegens zugeschrieben, weshalb er bald nach seinem Tod 1030 in der Schlacht bei Stiklestad als Märtyrer verehrt wurde und Nidaros zum bedeutendsten Pilgerziel Nordeuropas im Mittelalter avancierte. Die Wege nach Nidaros bilden ein Routen-Netzwerk von rund 5.000 Kilometern, wovon 2.000 in Norwegen verlaufen. Der Hauptweg führt von Oslo nach Trondheim/Nidaors, jene Route, die auch Markus Schlagnitweit gewählt hat. Diese Route wurde 1997 auf den historischen Wegen wieder eröffnet, ist durchgängig markiert und erstreckt sich über rund 650 Kilometer. Entlang des Weges bieten zumeist Bauernhöfe (für norwegische Verhältnisse günstige) Pilgerquartiere an, die mit dem Pilgerkreuz gekennzeichnet sind. Dieses Herbergsnetz ist aber nicht lückenlos, und die Etappenlängen sind oft sehr unterschiedlich zwischen 18 und 38 Kilometer. Das historische „Allemansrecht" erlaubt aber fast überall in Skandinavien das freie Campieren für zumindest eine Nacht. Entlang des Weges liegen zahlreiche historisch und kulturell bedeutsame Orte, wie die ältesten Kirchbauten Norwegens.

ROUTE

ETAPPEN 1–23

Gamle Oslo / Maria kirke – Haslum kirke (Rückkehr mit Bus)
LÄNGE: 18 km

Haslum kirke (Anreise mit Bus) – ***Kleivstua*** (Zelt)
LÄNGE: 34 km

Kleivstua – Haug kirke (Zelt)
LÄNGE: 28 km

Haug kirke – Granavolden (Privatquartier)
LÄNGE: 30 km

Granavolden – Enden Kloster (Pilgerherberge)
LÄNGE: 30 km

Enden Kloster – Kapp (Privatquartier)
LÄNGE: 25 km

Kapp – Biri / Husmansgård (Zelt)
LÄNGE: 34 km

Biri / Husmansgård – Lillehammer (Privatquartier; Jugendherberge)
LÄNGE: 25 km

Lillehammer – Skåe i Øyer (Pilgerherberge)
LÄNGE: 27 km

Skåe i Øyer – Fåvang Kapell (Pilgerherberge)
LÄNGE: 25 km

Fåvang Kapell – Hunsdorp / Dale Gudbrands gård (Jugendherberge)
LÄNGE: 26 km

Hunsdorp / Dale Gudbrands gård – Kvam (Zelt)
LÄNGE: 32 km

Kvam – Jørundgård (Pilgerherberge im Freilichtmuseum)
LÄNGE: 35 km

Jørundgård – Budsjord gård (Pilgerherberge)
LÄNGE: 28 km

Budsjord gård – Fokstugu (Zelt)
LÄNGE: 12 km

Fokstugu – Hjerkinn Fjellhus (Pilgerherberge)
LÄNGE: 24 km

Hjerkinn Fjellhus – Ryphusan (Pilgerherberge)
LÄNGE: 35 km

Ryphusan – Oppdal (Zelt)
LÄNGE: 30 km

Oppdal – Langklopp Fjellgård (Pilgerherberge)
LÄNGE: 22 km

Langklopp Fjellgård – Stamnan (Pilgerherberge)
LÄNGE: 22 km

Stamnan – Olskastet (Unterstandshütte)
LÄNGE: 31 km

Olskastet – Skaun (Zelt)
LÄNGE: 38 km

Skaun – Trondheim / Nidarosdom
LÄNGE: 38 km

GESAMTE LÄNGE: 649 km

Zur Person

Dr. Markus Schlagnitweit, Priester sowie Sozial- und Wirtschaftsethiker, ist Studenten- und Akademikerseelsorger in Linz sowie Mitarbeiter der Katholischen Sozialakademie Österreichs. Für ihn hat Gehen eine prägende Bedeutung. Zudem ist er überzeugt, dass sein Körper zum Gehen geboren sei. Seit über 30 Jahren bewegt sich und reist Markus Schlagnitweit deshalb am liebsten zu Fuß. Tausende von Kilometern hat er sich erwandert, Hunderte von Gipfeln bestiegen. Und jede seiner großen Touren hat ihm bestätigt, dass ihm die wichtigsten Erfahrungen, Gedanken und Eindrücke seines Lebens im Gehen zuteil werden. 2010 hat er sich zum vierten Mal in den Norden Europas aufgemacht und ist den St.-Olavs-Weg von Oslo nach Trondheim gegangen. (Weitere Informationen: www.schlagnitweit.at)

Bücher von Markus Schlagnitweit zum Thema Pilgern:

Schlagnitweit Markus: *Boden unter den Füßen. Aufforderung zur Unruhe*; Wien: styria premium 2012

Schlagnitweit Markus: *Auf dem Marienpilgerweg von Tschenstochau (PL) über Leutschau (SK) nach Mariazell (A) – Der internationale Weitwanderweg I 23*; Innsbruck: Tyrolia 2006

ALLGEMEINE INFOS

Jede Menge detaillierter Informationen, von geschichtlichen Informationen über die verschiedenen Routen bis hin zu Karten und Unterkünften, gibt es unter den beiden folgenden Internetseiten: *www.pilegrim.info/de* und *www.olavsweg.de*

BUCHTIPPS

Detert Lothar: *Olavsweg, Eine Pilgerreise durch Norwegen*; Books on Demand 2012

Lohse Bernd: *Der Olavsweg, Pilgerführer von Hamar nach Trondheim*; Kiel: Lutherische Verlagsgesellschaft 2011

Raju Alison: *The Pilgrim Road to Nidaros – St. Olav's Way: Oslo to Trondheim*; Milnthorpe: Cicerone 2001 (von Markus Schlagnitweit verwendet)

Schildmann Michael: *Pilgern auf dem Olavsweg. Ein Pilgertagebuch*; Books on Demand 2011

Weyer Renate & Helfried: *Olavsweg. Pilgern in Norwegen*; Steinfurt: Tecklenborg 2010

Undset Sigrid: *Sigrid Lavranstochter*; Freiburg: Herder 1997

PERSÖNLICHE ERINNERUNGEN

MEIN WICHTIGSTES ACCESSOIRE

Auf dieser Reise hat sich das Buch „Kristin Lavranstochter“ als ein für mich sehr wichtiges Accessoire entwickelt. Ich bin immer wieder auf Orte gestoßen, wo sich das Leben dieser außergewöhnlich starken Frau abspielte. Das hat mich stark bewegt. Das hat mich stark bewegt. Als Erinnerungsstück habe ich diese Bücher allerdings nicht mehr, weil ich beim Pilgern immer „verbrauchend“ lese, d.h. ich reiße alle gelesenen Seiten heraus, damit mein Gepäck leichter wird.

BESONDERE ORTE

Ich muss sagen, dass es für mich keinen Ort gibt, der zu einem außergewöhnlichen persönlichen Punkt geworden ist, außer dem Filmset Jørundgård vielleicht. Das mag daran liegen, dass bei einem so langen Weg der Prozess insgesamt prägender ist als einzelne Orte. Dennoch gibt es viele Stätten, Landschaften oder Sehenswürdigkeiten, die mich fasziniert haben; einige historische Kirchen zum Beispiel – die Bønsnes kirke etwa oder die Granavolden, zwei mittelalterliche Schwesterkirchen, die auf einem beeindruckenden Groß-Gehöft stehen oder auch die Ringebu stavkirke, eine der letzten erhaltenen ausschließlich aus Holz errichteten „Stabkirchen“ Norwegens. Und natürlich Trondheim/Nidaros das Zentrum Mittelnorwegens mit genügend Besichtigungsmöglichkeiten und Kulturleben für einen Aufenthalt von mehreren Tagen.

SPEZIELLER TIPP

Der St.-Olavs-Weg erfordert neben entsprechender Zeit zweifellos Erfahrung mit großen Wegen und eine sehr gute physische wie psychische Kondition. Er ist alles andere als ein Spaziergang, aber jede Mühe wert.

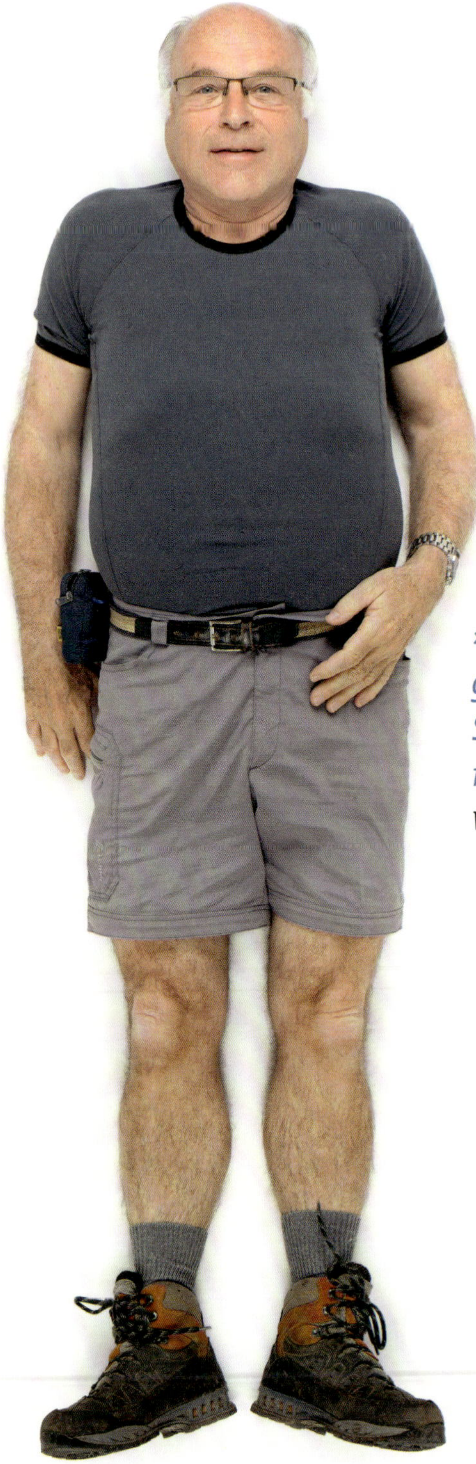

»Ich habe viel Zeit und genau so viel Ruhe und Stille. Ich spüre, wie meine Seele auftankt.«

Walter Wimmer

All unsere Wege sind von Gott begleitet

Walter Wimmer hat sich in seinem 70. Lebensjahr eine denkwürdige Reise geschenkt: eine fünfwöchige Auszeit auf dem Marienpilgerweg. Für ihn waren es 30 Tage Exerzitien, so intensiv hat er diese Tage erlebt. Vier Jahre davor ist er auf das Büchlein von Markus Schlagnitweit „Auf dem Marienpilgerweg" gestoßen. Damals schon begann der Wunsch zu keimen. Im Sommer 2012 setzte er ihn in die Tat um. Im Juli startete er im polnischen Tschenstochau und ging bis Mariazell, wo er rechtzeitig zu Mariä Himmelfahrt ankommen wollte.

1. TAG: *Warum bin ich hier?*

Es ist fünf Uhr 30. Ich sitze in der Gnadenkapelle von Jasna Gòra in Tschenstochau. Gestern Abend war ich noch in Linz, um 17 Uhr ist der Bus abgefahren. Die Kapelle ist nicht voll, aber es kommen immer mehr Menschen zur Gnadenmutter. Noch ist die Schwarze Madonna verhüllt. Auch in meinem Kopf ist manches nicht so klar. Warum bin ich hier? Um mich wieder einmal leibhaftig zu vergewissern, dass all unsere Wege von Gott begleitet und beschützt sind. Was bewegt mich: die geistliche Pilgerschaft, die sportliche Ambition, der menschliche Ehrgeiz, die Herausforderung des Grenzerlebnisses? Wahrscheinlich von allem etwas – Geistliches, Menschliches und Allzumenschliches. Fanfarenklang reißt mich aus meinen Gedanken. Das Bild der Schwarzen Madonna wird enthüllt. Bei der Sechs-Uhr-Messe sind zehn Konzelebranten; ich bekomme die Handkommunion! Gesegnet beginne ich meine Pilgerreise.

Schon nach wenigen Kilometern macht sich mein rechter Fuß bemerkbar. Letzten Sommer wurde ich an einem Mittelfußknochen operiert. Ist es derselbe oder ein anderer, der weh tut? Angesichts der Tatsache, dass ich jetzt schon Schmerzen habe, stelle ich mir die Frage: „Werde ich es schaffen?"

4. TAG: *Schmerzen begleiten mich*

Heute bin ich schon um fünf Uhr 50 aufbruchbereit. Es ist gutes Wanderwetter. Im Laufe des Tages habe ich mich zweimal vergangen und war dann sehr froh, dass ich mein GPS dabeihatte.

Mit dem Fußschmerz ist es eigenartig: manchmal ist er da, dann wieder gar nicht. Den Gedanken, dass mich ein Schmerz begleitet – wie einst Paulus, um nicht hochmütig zu werden – schiebe ich beiseite. Am Abend treffe ich Marian aus Krakau, meinen polnischen Freund. Darauf freue ich mich. Er wird mich drei Tage begleiten. Dieses Wiedersehen ist der einzige Fixpunkt meiner Reise. Ganz plötzlich beginnen für mich unerklärlich starke Schmerzen am unteren Rücken. Sie werden so arg, dass ich nicht einmal gerade gehen kann. Ich muss mich nach links beugen, es ist wirklich eine Qual. Wie soll das weitergehen? Ich sehe mich schon das ganze Unternehmen abbrechen, außer es geschieht ein „Wunder".

5. TAG: ***Unterwegs mit einem Freund und Engel***

Das „Wunder" ist geschehen, meine Rückenschmerzen sind weg. Freilich hat Marian mir gestern noch dreimal Voltaren am Rücken aufgetragen. Vielleicht war eine Verkühlung durch plötzlichen Wetterumschwung oder ein Insektenstich der Grund. Marian ist mein persönlicher Engel Raphael. Er trägt heute den ganzen Tag meinen schweren Rucksack – 39 Kilometer lang. Unsere Begegnung ist herzlich und unkompliziert – obwohl wir uns in den letzten 30 Jahren nur einmal gesehen haben. Ich schätze auch seine kritische Sicht mancher Ereignisse in der Kirche Polens. Die letzten Kilometer nach Krakau zu Marians Wohnung nimmt uns ein Kleinbus mit. Gegen 23 Uhr ist erst Zeit zum Schlafen.

»Ich bin unendlich dankbar, dass ich es mit meinen Schmerzen so weit geschafft habe. Überhaupt ist Dankbarkeit ein besonderes Geschenk des Pilgerns.«
Walter Wimmer

10. TAG: ***Meditative Stunden***

Wie immer breche ich früh auf, heute um sechs Uhr 30. Die Morgenstunde nutze ich gerne zum Meditieren. Normalerweise bin ich kein Rosenkranz-Beter, aber beim Pilgern schon. Dieses Gleichbleibende ist beim Gehen sehr meditativ. Seit drei Tagen gehe ich wieder alleine. Ich habe viel Zeit und genau so viel Ruhe und Stille. Ich spüre, wie meine Seele auftankt. Ich bin im Nationalpark Pienninen, und es geht stetig bergauf. Herrliche Ausblicke auf die Hohe Tatra, den Dunajec-Stausee und die Berge der letzten Tage erleichtern mir den Aufstieg. Ich wähle den kürzeren Weg zur polnischen Floß-Station Sronovce Whyrne. Fast zweieinhalb Stunden fahre ich gemeinsam mit anderen durch die Enge des Dunajec-Durchbruchs; die vielen Flöße gleichen fast einer Fronleichnamsprozession auf einem Salzkammergut-See. Allerdings muss ich danach zwei Stunden entlang des Flusses, nun auf der slowakischen Seite, zurücklaufen. Sorgen machen mir wieder einmal die Fußschmerzen.

20. TAG: *Auf sich selbst achten*

Die Nacht war nicht so gut. Stechende Schmerzen haben mich aufgeweckt. Ich muss mehr Rücksicht auf mich nehmen.

Unterwegs frage ich mich, wie schon öfter, ob ich auf einer Bergwanderung oder auf einer Wallfahrt bin? Heute – es ist Sonntag – habe ich das Glück, in Valca mit ein paar Gläubigen eine lateinische Messe feiern zu dürfen. Danach muss ich auf einer asphaltierten Straße ein langes Stück gehen, was meinem Fuß gar nicht gefällt. Ich lasse mich ein paar Kilometer von einem Auto mitnehmen. Auch gegen Abend hin lasse ich mich per Autostopp von einer jungen, netten Frau zum Fatschenhauer Sattel mitnehmen. Obwohl der Fuß am Abend noch schmerzt, habe ich doch heute mehr auf mich geachtet.

27. TAG: *Zufall ist das Pseudonym Gottes*

Der Spruch von Albert Schweitzer „Zufall ist das Pseudonym Gottes, wo er nicht persönlich unterschreibt“ hat mich auf meiner ganzen Reise immer wieder begleitet. Tagtäglich habe ich erfahren dürfen, meist in einfachen Alltäglichkeiten, wie Gott mir zur Seite steht. Einen Höhepunkt an Zufälligkeiten allerdings erlebe ich am heutigen Sonntag, dem 5. August. Ich breche wie immer zeitig auf, diesmal ohne Frühstück. Großteils gehe ich durch Wald, im sanften Auf und Ab. Gegen 11:30 komme ich bei einer Ferienanlage vorbei und stoße auf das erste „Restaurant“, wie sich herausstellt auch das einzige, und mache Halt. Ich stärke mich mit „Pivo“ und einer guten Bohnensuppe. Es sind auch einige Mountainbiker dort, von denen mir heute am Sonntag noch mehrere begegnen. Ich gehe weiter Richtung Marianka, zu deutsch „Mariental“, 20 Kilometer nördlich von Bratislava. Kurz vor der Basilika treffe ich auf eine Gruppe von fünf Weinviertlern, die mir großzügig Gebäck und Getränk anbieten. Aus der Kirche höre ich bereits Orgel und Gesang. Ich trete ein, der Raum ist voll. Ich kann also hier die Sonntagsmesse mitfeiern. Die Zelebranten sind zwei Österreicher! Sie leiteten die Wallfahrt der burgenländischen Kroaten. Ich geselle mich bei der anschließenden Agape zu ihnen und werde mit burgenländischen Köstlichkeiten – Rotwein und „Pogatscherl“ – verwöhnt. Und wer steht da noch in diesem Kreise? Der österreichische Botschafter der Slowakei! Wir beginnen uns gut zu unterhalten. Ich erwähne, dass ich auf dem Weg nach Bratislava bin und morgen einen Kulturtag einlege. Kurzerhand lädt er mich ein, sein Gast zu sein. Für mich ist das eine wundersame Verkettung von „Zufällen“. Dankbar nehme ich die Einladung an und befinde mich noch am selben Abend in der österreichischen Botschaft. Die Familie hat übrigens fünf Kinder. Vor dem Abendessen werde ich eingeladen, ihr Haus zu segnen. Eine Bitte, die ich nur allzu gerne erfülle. Jetzt, wo ich das schreibe, bin ich sehr dankbar für diesen segensreichen Tag. Ich wünsche mir wirklich, dass wir alle in unserem Alltag wieder ein Gespür entwickeln für die vielen „Zufälle", die uns Gott schickt. Daraus entsteht nicht nur Dankbarkeit, sondern der Zufall lehrt uns auch die Achtsamkeit neu. Wer sich dem Zufall öffnet, bleibt lebendig. Davon bin ich überzeugt.

33. TAG: *Dankbarkeit und Achtsamkeit als Früchte des Pilgerns*

Dass ich es mit meinen Schmerzen so weit geschafft habe, dafür bin ich unendlich dankbar. Überhaupt ist Dankbarkeit ein besonderes Geschenk des Pilgerns. Viele positive „Zufälle" haben mir weitergeholfen und mich am Weg beschützt. Für mich ist darin der „Ich bin da"-Gott erfahrbar. Auch Achtsamkeit ist eine spürbare Frucht des Unterwegsseins. Im Alltag besteht Gefahr, für vieles blind zu werden, etwa für eine freundliche Geste meines Gegenübers, für die Traurigkeit im Gesicht des anderen oder für den bunten Schmetterling, der mich umflattert. Auf einem langen Weg werden die Sinne neu geöffnet. Mir wurde auf dem Weg eine neue Achtsamkeit geschenkt, auch mir selbst gegenüber. Die möchte ich gerne in den Alltag hinüberretten.

37. TAG *(15. August – Maria Himmelfahrt): Über Umwege ans Ziel*

Ja, ich bin tatsächlich am Ziel. Wenn auch etwas anders als geplant. In den letzten Tagen haben sich die Ereignisse überschlagen. Ich musste meinen Fuß vor vier Tagen im Krankenhaus Lilienfeld verarzten lassen und schweren Herzens mein Pilgern abbrechen. Mit dem Bus fuhr ich tags darauf nach Mariazell. Dieses Ende konnte ich nicht so richtig akzeptieren. So fuhr ich noch am selben Tag per Anhalter nach Rohr im Gebirge, wo ich meine „Weinviertler Pilgergruppe", der ich in Heiligenkreuz begegnet bin, wieder traf. Gemeinsam gingen wir dann die letzten zwei Tage zu Fuß nach Mariazell. So soll es sein! Und auch noch rechtzeitig zu Mariä Himmelfahrt. Ich feiere das Sakrament der Versöhnung und darf bei dem sehr stimmungsvollen Hochamt konzelebrieren – ein würdiger Abschluss einer anstrengenden, aber unglaublich bereichernden Reise. Wenn ich auch „fußmarod" angekommen bin, so fühle ich mich doch reich beschenkt und gestärkt. Gott sei Dank!

Zur Person

Dr. Walter Wimmer ist katholischer Pfarrer in Linz in der Pfarre St. Konrad. Er hat übrigens Theologie in Rom (1963–73) studiert und zählt zu den letzten Konzils-Zeugen. Er hält sich gerne in der Natur auf, besonders liebt er die Berge. Ins Gebirge zu gehen hat für ihn auch stets einen Hauch von Gefahr, weshalb er sich immer wieder Gottes als seinen Gefährten vergewissern darf. Die letzte größere Bergtour war die Besteigung des Kilimandscharo (2009). Zu seinem 60. Geburtstag, vor genau zehn Jahren, ging er den Jakobsweg von Einsiedeln in der Schweiz bis Santiago/Finisterre: 2.250 Kilometer, 75 Tage lang. Zum 65. Geburtsag verbrachte er ein dreimonatiges Sabbatical im Heiligen Land mit intensivem Gehen und Radfahren und einigen Tagen in der Wüste Sinai; 2010 war er bei einer meditativen zehntägigen Wanderung durch die endlose mongolische Steppe dabei, 2012 ist er nun den Marienpilgerweg gegangen.

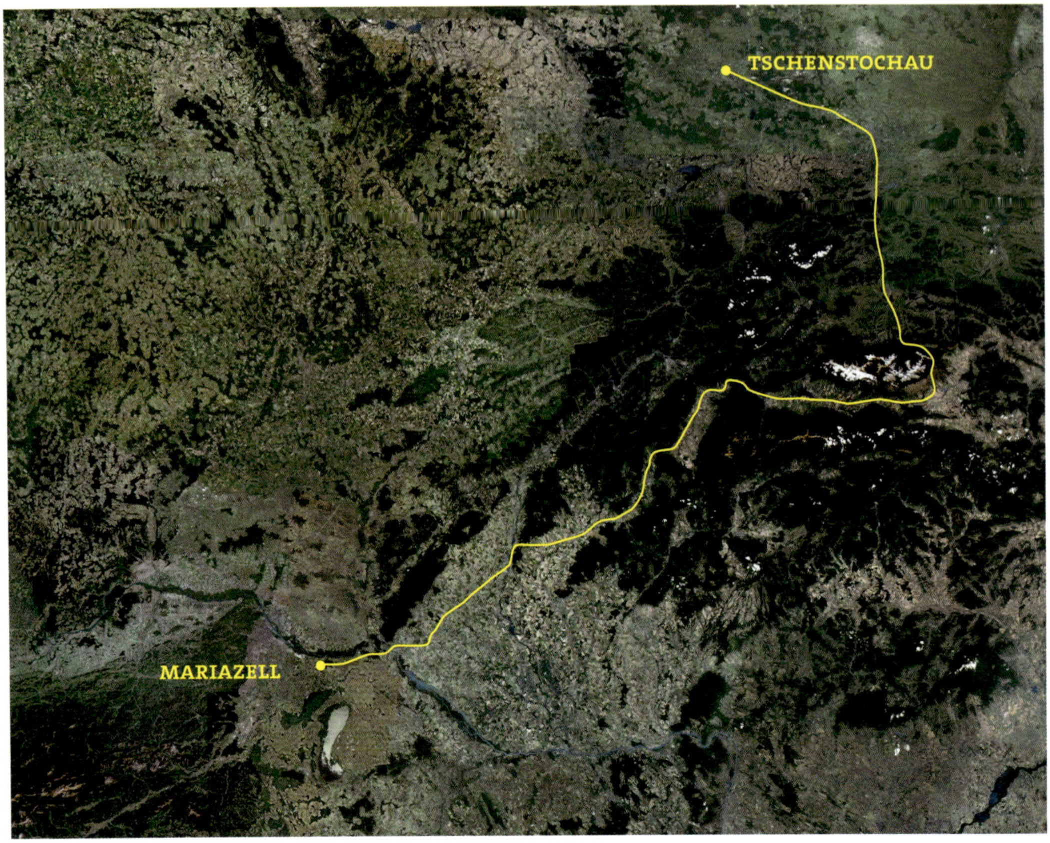

DER MARIENPILGERWEG

Den Marienpilgerweg kann man als mitteleuropäisches Pendant zum Jakobsweg sehen. Obwohl er kein historisch gewachsener Weg ist, sondern einer, der verschiedene bestehende Strecken zu einer ganzen verbindet. Er führt über mehr als 1.000 Kilometer Gesamtlänge durch drei Länder: vom polnischen Tschenstochau über das slowakische Leutschau in der Zips ins österreichische Mariazell. Die drei Orte sind die bedeutendsten Marienwallfahrtsorte der jeweiligen Länder. Sie prägten die Kultur und Frömmigkeit ganzer Generationen und sind noch heute das Ziel vieler Pilger. Der Marienpilgerweg wurde 1996 von der Europäischen Wandervereinigung als „I 23" ins Internationale Weitwandernetz aufgenommen. Die Strecke ist in rund 40 Tagen zu begehen. Im Gegensatz zum Boom des Jakobsweges ist der Marienpilgerweg noch weitgehend unbekannt, und man ist auf dieser Strecke sicher tagelang alleine. Der erste und bisher einzige Pilgerführer zu diesem Weg wurde übrigens von Markus Schlagnitweit erstellt, der in diesem Welt-der-Frau-Pilgerbuch den St.-Olavs-Weg in Norwegen vorstellt.

ROUTE

Walter Wimmer war insgesamt 36 Tage unterwegs, sechs davon galten der Rast und der Kultur. In den 30 Gehtagen legte er 800 Kilometer zurück, dabei 29.071 Höhenmeter! Das sind im Schnitt 1.000 Höhenmeter Anstieg pro Tag, obwohl es auch längere ebene Abschnitte gibt, etwa zwischen Bratislava und Wien. Die Route kann man daher durchwegs als mittel bis schwer bezeichnen. Einzelne Teile der Strecke hat er mit Verkehrsmitteln überwunden, großteils wegen seines verletzten rechten Vorderfußes und des Vorsatzes, am 15. August in Mariazell zu sein.

BUCHTIPP:

Schlagnitweit Markus: *Auf dem Marienpilgerweg von Tschenstochau (PL) über Leutschau (SK) nach Mariazell (A) – Der internationale Weitwanderweg I 23*; Innsbruck: Tyrolia 2006

PERSÖNLICHE ERINNERUNGEN

MEIN WICHTIGSTES ACCESSOIRE

Es waren drei technische Hilfsmittel, die mir zu Symbolen geworden sind: Das Handy – einer ist immer empfangsbereit, Gott; der Fotoapparat, der meine Erinnerungen behält – „Tuet dies zu meiner Erinnerung"; und mein GPS – die Orientierung und das Weg-Weisen soll in meinem Leben der Heilige Geist übernehmen.

BESONDERE ORTE

Was mich an diesem Weg besonders fasziniert hat, ist, dass man entlang der gesamten Strecke auch intensiv die Geschichte mitverfolgen kann. Gerade Polen und/oder die Slowakei sind ja von vielen verschiedenen Völkern heimgesucht worden, von den Römern, den Mongolen, den Tartaren, den Hussiten, den Schweden und den Türken. Deren Spuren finden sich überall. Viele Burgen zeugen von der Notwendigkeit sich zu verschanzen. Unbedingt Zeit nehmen sollte man sich für Krakau, die Zips mit Leutschau (15 Altäre des Meisters Paul in der Jakobskirche!) und Bratislava.

SPEZIELLER TIPP

Es gibt da eine schöne Aussage Albert Schweitzers: „Zufall ist das Pseudonym Gottes, wo er nicht persönlich unterschreiben will." Genau das habe ich auf diesem Weg sehr oft erfahren dürfen. Wenn man nicht zu viel plant und nicht immer alles organisiert, dann ergeben sich viele Dinge ganz von selbst. Es fällt einem viel Positives zu. Genau das möchte ich jedem mit auf den Weg geben: sich auf den Tag einlassen und der Hand Gottes übergeben. Gerade auf einer Pilgerreise hat man dazu viele Möglichkeiten. Ich möchte versuchen, das auch im strukturierten Alltag wieder mehr zu schaffen.

»Wo und wieso bin ich aufgebrochen, was liegt hinter mir – nicht nur auf dieser Reise, sondern auch in meinem bisherigen Leben?«

Christine Dittlbacher

In einer ganz anderen Welt sein – wie einst die Pilgermönche

Die irische Landschaft hat Christine Dittlbacher schon immer fasziniert. Diese Weite, die Frische und unbewohnte Landschaft, so weit das Auge reicht. Dies war aber nicht der einzige Grund, weshalb sie sich gerade nach Irland auf Pilgerschaft begab. Ein anderes, sehr starkes Motiv war ihr persönliches Interesse an den Ursprüngen des keltischen Christentums. Drei Augustwochen lang folgte sie den Spuren irischer Pilgermönche, von Ventry bis Skellig Michael und dann quer durch Irland.

1. TAG: *Von allem weit weg sein*

Ich starte in Ventry am Sandstrand Cuan Fionntra. Dies ist eine geschützte Bucht in der Dingle Bay. Am Vorabend bin ich dort eine Weile barfuss im Sand gegangen, saß bis nach Sonnenuntergang am Meer und ahnte die Freiheit und Weite. Am ersten Tag, einem frischen, sonnigen Morgen, folge ich nach einem herzhaften irischen Frühstück den Spuren der ersten irischen Mönche. Diese waren als Wandermönche unterwegs, christianisierten einen Teil der europäischen Länder und gründeten dort bedeutende Klöster. Ich halte wieder am Cuan Fionntra inne und erlebe ganz bewusst mein Aufbrechen. Von hier führt der Weg landeinwärts. Es ist ganz leicht, ihn zu finden, denn die Wegweiser mit den typischen Pilgerzeichen für „Path Ways" sind meine ständigen Wegbegleiter. Auf einer kleinen Anhöhe schaue ich zurück und erlebe einen atemberaubenden Ausblick auf den Atlantik und die Insel Skellig Michael, die ich im Anschluss an diese erste Pilgerwanderung besuchen werde. Gedanken beschäftigen mich: Wo und wieso bin ich aufgebrochen, was liegt hinter mir – nicht nur auf dieser Reise, sondern auch in meinem bisherigen Leben. Hier in der Umgebung gibt es eine erstaunliche Ansammlung alter Monumente, insbesondere so genannte „Clochans" oder „beehive huts", bienenkorbförmige Steinhütten – Bauten früher Mönchssiedlungen. Prähistorische Ausgrabungsstätten, eisenzeitliche Steinforts, Dolmen und Kirchenruinen säumen den Weg. Schnell merke ich, dass ich in eine ganz andere Welt eingetaucht bin. Nach drei Kilometern habe ich das Gefühl, weit weg, fern von jeder Zivilisation zu sein. Dazu trägt auch die Landschaft bei: weite Wiesen, sanfte Hügel, verträumte alte Cottages mit Strohdächern, Schafherden.

Ich komme an einer verlassenen Siedlung vorbei, der Cill nag Colman, nach dem Pilgermönch Colman benannt. In der Nähe entdecke ich eine heilige Quelle (holy well), von denen es hier eine Menge gibt; verziert mit vielen Stoffbändern, die Pilger auf einen Haselstrauch gebunden haben. Auch ich hinterlasse symbolisch ein Anliegen. Das irische Christentum kennt viele heilsame Rituale, ich lasse mich in diese jahrtausendalte Kultur fallen, vergesse meine Logik und mein Bedürfnis nach Erklärungen. Typisches Heidekraut, Ginster und viele Moose, wild wuchernde Brombeerstauden, Stechpalmenbäume und Eiben prägen die Landschaft, bis es immer karger wird und ich nur mehr durch zarte Graslandschaft gehe. Ich ziehe oft meine Schuhe aus, gehe barfuss, um den Boden unter meinen Füßen besser zu spüren. Was trägt mich? Wieder viel zum Nachsinnen ...

»Ich ziehe oft meine Schuhe aus, gehe barfuß, um den Boden unter meinen Füßen besser zu spüren. Was trägt mich?«
Christine Dittlbacher

Ich komme zum Gallarus Oratory – eines der besterhaltenen frühen irischen Gebetshäuser. Ihre über einen Meter dicken Mauern wurden ohne Mörtel gebaut und sind bis heute unverändert erhalten. Dort befindet sich auch die Steinunterkunft des Hl. Gallarus. An diesen sehr interessanten Ort sollte man allerdings vor 9 Uhr kommen, bevor die Bustouristenströme die heilige Stätte belagern. Ich gehe rasch wieder weiter. Oft bleibe ich stehen, lasse mir Zeit und bin geistig weit weg von meinem Alltagsleben zu Hause. Diesen Tag schließe ich erfüllt in Ballybrack ab.

2. Tag: *Alleine mit der Welt*

Heute geht es auf den Brandon Mountain, 953 Meter. Hier war ebenfalls in vorchristlichen Zeiten eine bedeutende Kultstätte, dem keltischen Gott Lug geweiht. Ich erlebe auf dem Gipfel der Halbinsel eine grandiose Aussicht auf den Atlantik, diesmal rundherum. Ich bin schwer beeindruckt – noch dazu begleitet mich heute der Bibelteil: „Du führst mich hinaus in Weite". Ich bin fast alleine unterwegs und außer einem älteren Iren, begleitet von seinem für diese Gegend typischen schwarz-weißen Bordercollie-Hund, begegne ich stundenlang keiner Menschenseele. Es tut mir sehr gut, allein mit mir unterwegs zu sein. Mein Weg führt mich hinunter zum Strand in den „Ort" Brandon. Er besteht nur aus wenigen Häusern – auch das ist typisch für die Gegend. Gegen Abend pilgere ich weiter nach Cloghane, wo ich einen bezaubernden Meerblick genieße. Dann gehe ich in das örtliche Pub. Gutes, einfaches Essen und fröhliche Musik, die Besucher auf ihren mitgebrachten Instrumenten spielen, lassen mich so richtig in die irische Lebensart eintauchen. Gut gelaunt gehe ich schlafen.

3. TAG: *Im eigenen Rhythmus bleiben*

Der Rückweg beginnt ... Über Dingle und Millltown nach Ventry. Der dritte sonnige Tag. Heute durchwandere ich moorige Landschaft und Heideebenen. Ich merke, dass ich mich nun eingehe und meinen Rhythmus finde. Am Connor Pass treffe ich auf Freunde aus Österreich – die Welt ist klein! Wir plaudern bei einer Jausenpause, und sie berichten mir von ihrer Rundfahrt durch Irland.
Ich umgehe die Stadt Dingle Richtung Milltown über den sogenannten Holyground, dem Strand entlang und dann über Wiesenwege nach Ventry. Wieder bin ich fasziniert von der Landschaft, von der Kraft, die von ihr ausgeht, und merke, wie ruhig es in mir wird. Tief zufrieden ereiche ich meinen Ausgangspunkt.
Von Ventry fahre ich nach Dunquin, einem winzigen Fischerdorf, hier wurde der Film „Ryans Tochter" gedreht. Ein Ort, an dem das Leben stillzustehen scheint. Ich beschließe, einen Rasttag zu machen und wandere in Ortsnähe herum.

4. TAG: *Respekt für so viel Mut*

Überfahrt per Schiff zur Felsinsel Skellig Michael (215 Meter), auf der der Hl. Finan im 6. Jh. eine Einsiedlerklause gründete. 672 Steinstufen führen mich zu den Resten der ehemaligen Klostersiedlung. Mit großem Respekt denke ich an diese Menschen, die den Mut fassten, die neue Botschaft, das Christentum, weiterzugeben und sich auf eine oft lebenslange Wanderschaft machten. Ich verbringe den ganzen Tag auf dieser imposanten Insel und bin unsagbar dankbar, dies erleben zu dürfen.

Zur Person

MAS Christine Dittlbacher ist Pädagogin, Kommunikationstrainerin und Theologin. Die Mutter einer erwachsenen Tochter hat das Pilgern vor 32 Jahren entdeckt. Seither hat es sich zu ihrer ganz großen Leidenschaft entwickelt. Nicht nur, dass sie selbst schon viele Wege gegangen ist, sie hat auch die Ausbildung für Pilgerbegleiter in der Diözese Linz konzipiert, ist dort Pilgerbeauftragte und damit Anlaufstelle für viele Pilger. Sie betreut außerdem die Homepage www.pilgern.at. 2010 schrieb sie ihre Masterthesis zum Thema „Pilgern als spiritueller Erfahrungsweg". Ihr Lebensmotto heißt „Es geht etwas weiter" im Sinne von Bewegung und Entwicklung.

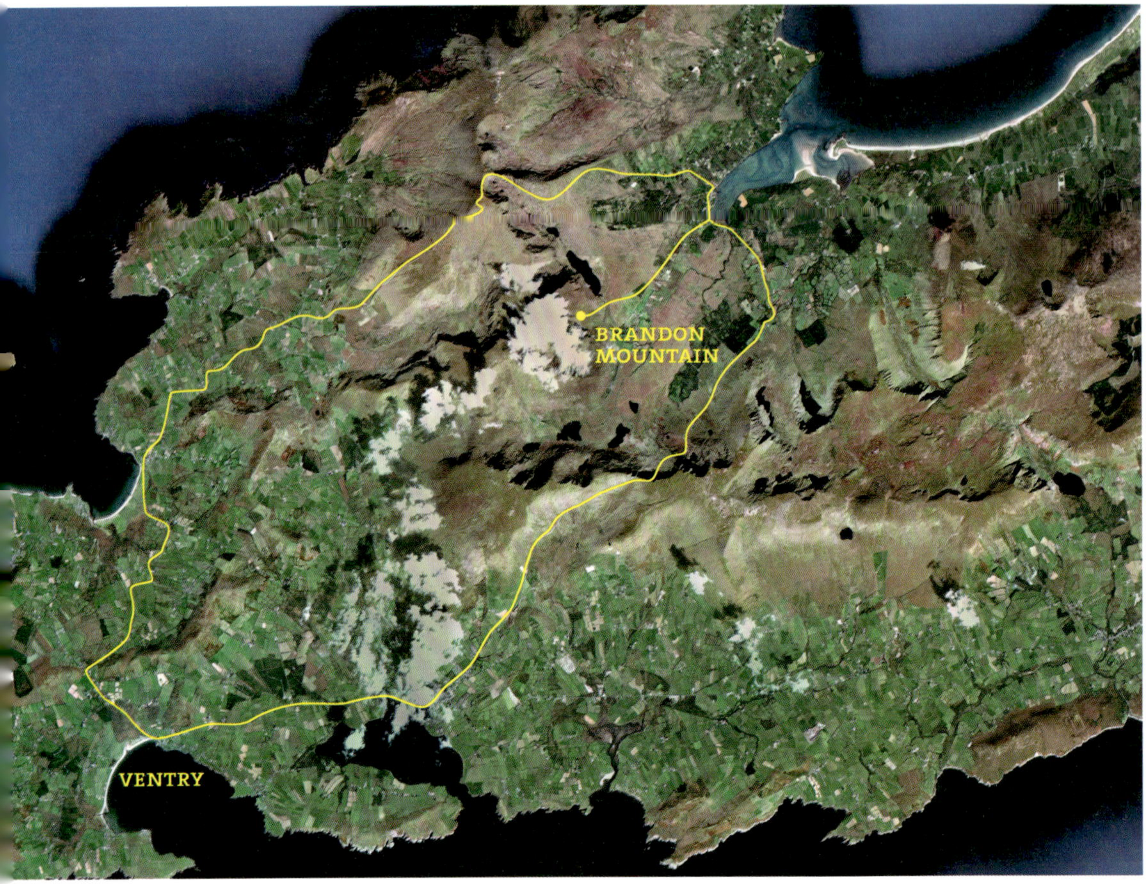

DIE IRISH PILGRIM WAYS

Die sieben irischen Pilgerwege gehen auf eine Initiative des irischen Heritage Council aus dem Jahr 1997 zurück. Ziel war es, in Zusammenarbeit mit den Gemeinden, ein Netzwerk an Wanderwegen zu entwickeln, die entlang der mittelalterlichen Pilgerwege führen. Sie sollen an das irische Erbe, kulturell, landschaftlich und baulich, erinnern und es schützen. Diese alten Wege zu gehen, bedeutet einerseits die Möglichkeit, sich spirituell zu erneuern, andererseits sich direkt mit der irischen Vergangenheit verbunden zu fühlen. Die sieben Pilgrim Paths sind quer über Irland verstreut und nicht zu einem durchgängigen Weg verbunden. Man muss daher von einem zum anderen Weg mit dem Auto (Mietautos gibt es praktisch überall) oder öffentlich anreisen. In Summe erstrecken sich die Wege über knapp 130 Kilometer.

GEGANGENE ROUTE

Christine Dittlbacher ist fünf der sieben Wege gegangen. Für „Welt der Frau“ beschreibt sie den ersten Weg, den Cosán na Naomh. Die Strecke folgt der Saints' Road vom Ventry Strand bis zum Fuße des Brandon Mountains. Die Pilgertradition auf den Brandon reicht bis ins 6. Jahrhundert zurück und folgt auch den Spuren der irischen Wandermönche St. Gallarus und St. Brendan – letzterer ist Patron der Pilger und Reisenden. Die traditionelle Route ging über den Gipfel; heute führt der Weg am Fuße des Brandon vorbei, weil der Berg laut offiziellen Angaben riskant zu besteigen ist. Die offizielle Route ist daher nach 18 Kilometern beendet, Christine Dittlbacher allerdings machte daraus eine Drei-Tages-Tour mit 59 Kilometern plus Besteigung des Brandon.

ALLGEMEINE INFOS

Erste Informationen zu den einzelnen Wegen finden Sie auf: *www.heritagecouncil.ie*

Achtung: Auf irischen Pilgerwegen sind wegen der vielen Schafherden keine Hunde erlaubt!

PERSÖNLICHE ERINNERUNGEN

MEIN WICHTIGSTES ACCESSOIRE

Mein ganz persönliches Pilgersymbol ist ein kleiner herzförmiger Stein, der mich schon ganz lange auf meinen Pilgertouren begleitet.

BESONDERE ORTE

Den Mount Brandon sollte man unbedingt besteigen! Der Ausblick am Gipfel ist phänomenal. Der Berg ist nicht besonders hoch, gute 900 Meter, aber er ist die einzige Erhöhung auf der Halbinsel. Das heißt, man hat wirklich ein geniales Rundum-Panorama. Grün, grün, grün, dahinter der strahlend blaue Ozean – Irland total! Die unendliche Weite gab mir ein Gefühl von Getragen-Sein und Geborgenheit. Dieser Platz mit seinem Moor-Heideboden wirkt außerdem sehr mystisch.

SPEZIELLER TIPP

Wenn man alleine oder zu zweit unterwegs ist, braucht man nicht großartig zu planen oder buchen. In Irland gibt es Privatvermietung in fast jedem Haus – inklusive der typisch irischen Gastfreundschaft. „B&B“ bedeutet dann meist auch am Abend eine gute homemade soup & bread und am Morgen ein sehr reichhaltiges Frühstück. Für den Tag sollte man dann allerdings Proviant und Wasser mitnehmen.

BUCHTIPP

Harbison Peter, Lynam Joss: *Medieval Irish Pilgrim Paths No. 1. „Cosán na Naomh“ – The Saints Road*; Dublin: The Heritage Council 2002 (ISBN 1-9011-37-309)

Praktisches, Unterhaltsames, Nachdenkliches, Mutmachendes, Humorvolles und Informatives

Baumann Bruno: *Kailash. Tibets heiliger Berg*; München: Malik Verlag 2010 (NG Taschenbuch)

Binder Franz: *Kailash. Reise zum Berg der Götter*; München: dtv 2006

Bogner Maximilian: *Auf dem Jakobsweg durch Südostbayern. Von Passau über Altötting nach Kufstein und von Salzburg zum Hohen Peißenberg*; Innsbruck: Tyrolia 2004

Breitenbach Roland: *Pilgern. Den eigenen Weg finden*; Freiburg: Herder 2009 („Inspiration Christentum")

Coelho Paulo: *Auf dem Jakobsweg. Tagebuch einer Pilgerreise nach Santiago de Compostela*; Zürich: Diogenes 1999

Detert Lothar: *Olavsweg, Eine Pilgerreise durch Norwegen*; Books on Demand 2012

Dintaman Anna, David Landis: *Hiking the Jesus Trail and Other Biblical Walks in the Galilee*; Village to Village Press 2013

Dippelreither Reinhard: *Österreich – Jakobsweg*; Welver: Conrad Stein Verlag 2010 (Outdoor Band 157)

Dippelreither Reinhard: *Auf dem Jakobsweg durch Böhmen, das österreichische Mühlviertel und Südostbayern*; Welver: Conrad Stein Verlag 2011 (Outdoor Band 294)

Dudeck Volker: *Unterwegs auf der Via Sacra. Begegnungen, die berühren*; Bautzen: Lusatia 2012

Everding Karl-Heinz: *Tibet. Lamaistische Klosterkultur, nomadische Lebensform und bäuerlicher Alltag auf dem „Dach der Welt"*; Köln: DuMont 1999

Feldweg Bettina (Hsg.): *Losgehen, um anzukommen. Die Faszination des Pilgerns*; München: Piper 2009

Feurstein Hubert: *Pilgern. Die unerlässliche Reise, um anzukommen, wo man ist. Ein Handbuch mit Übungen – für Agnostiker, Gläubige, Zweifelnde und Neugierige*; Wien: Ibera 2006

Grün Anselm: *Herzensruhe. Im Einklang mit sich selber sein*; Freiburg: Herder 2008

Harbison Peter, Lynam Joss: *Medieval Irish Pilgrim Paths No. 1. „Cosán na Naomh" – The Saints Road*; Dublin: The Heritage Council 2002 (ISBN 1-9011-37-309)

Joos Raimund: *Pilgern auf den Jakobswegen*; Welver: Conrad Stein Verlag 2011 (Outdoor Band 197)

Joos Raimund: *Warum der Schuh beim Gehen weiter wird. Der spirituelle Jakobsweg-Coach*; Innsbruck: Tyrolia 2011

Kaineder Ferdinand: *Mein Weg nach Assisi*; Grünbach: Edition Geschichte der Heimat 2009

Kerkeling Hape: *Ich bin dann mal weg, Meine Reise auf dem Jakobsweg*; München: Malik 2007

Lindenthal Peter: *Auf dem Jakobsweg durch Österreich*; Innsbruck: Tyrolia 2006

Löhndorf Andrea: *Anleitung zum Pilgern. Ein Lebensbegleiter*; München: dtv 2010

Lohse Bernd: *Der Olavsweg, Pilgerführer von Hamar nach Trondheim*; Kiel: Lutherische Verlagsgesellschaft 2011

Lukan Karl & Fritzi: *Via Sacra: Der alte Pilgerweg nach Mariazell – Mythos und Kult*; Berndorf: Kral Verlag 2012

Merton Thomas: *Ein Tor zum Himmel ist überall*. Inspirationen; Freiburg: Herder 2008

Moore Tim: *Zwei Esel auf dem Jakobsweg. Wie ein Engländer sein Herz an Spanien verlor*; München: Piper 2011

Neuhofer Johannes: *Der Johannesweg. So finden Sie zu Einkehr und Zufriedenheit*; Wien: Amalthea 2012

Nußbaumer Heinz: *Der Mönch in mir. Erfahrungen eines Athos-Pilgers für unser Leben*; Wien: Styria 2006

Pegoraro Karin, Oberwalder Jörg: *Jakobswege in Österreich*. Wolfsthal/Wien – Feldkirch, Wanderführer, 35 Etappen; Innsbruck: Kompass 2008

Pfarl Peter: *Pilgerwege in Oberösterreich*; Wien: Edition Oberösterreich 2010

Raju Alison: *The Pilgrim Road to Nidaros – St. Olav's Way: Oslo to Trondheim*; Milnthorpe: Cicerone 2001

Schildmann Michael: *Pilgern auf dem Olavsweg. Ein Pilgertagebuch*; Books on Demand 2011

Schlagnitweit Markus: *Boden unter den Füßen. Aufforderung zur Unruhe*; Wien: styria premium 2012

Schlagnitweit Markus: *Auf dem Marienpilgerweg von Tschenstochau (PL) über Leutschau (SK) nach Mariazell (A) – Der internationale Weitwanderweg I 23*; Innsbruck: Tyrolia 2006

Serie Hikeline: *Fernwanderweg Via Sacra Wiener Wallfahrerweg. Auf traditionellen Pilgerpfaden von Wien nach Mariazell*; Rodingersdorf: Esterbauer 2010

Weyer Renate & Helfried: *Olavsweg. Pilgern in Norwegen*; Steinfurt: Tecklenborg 2010

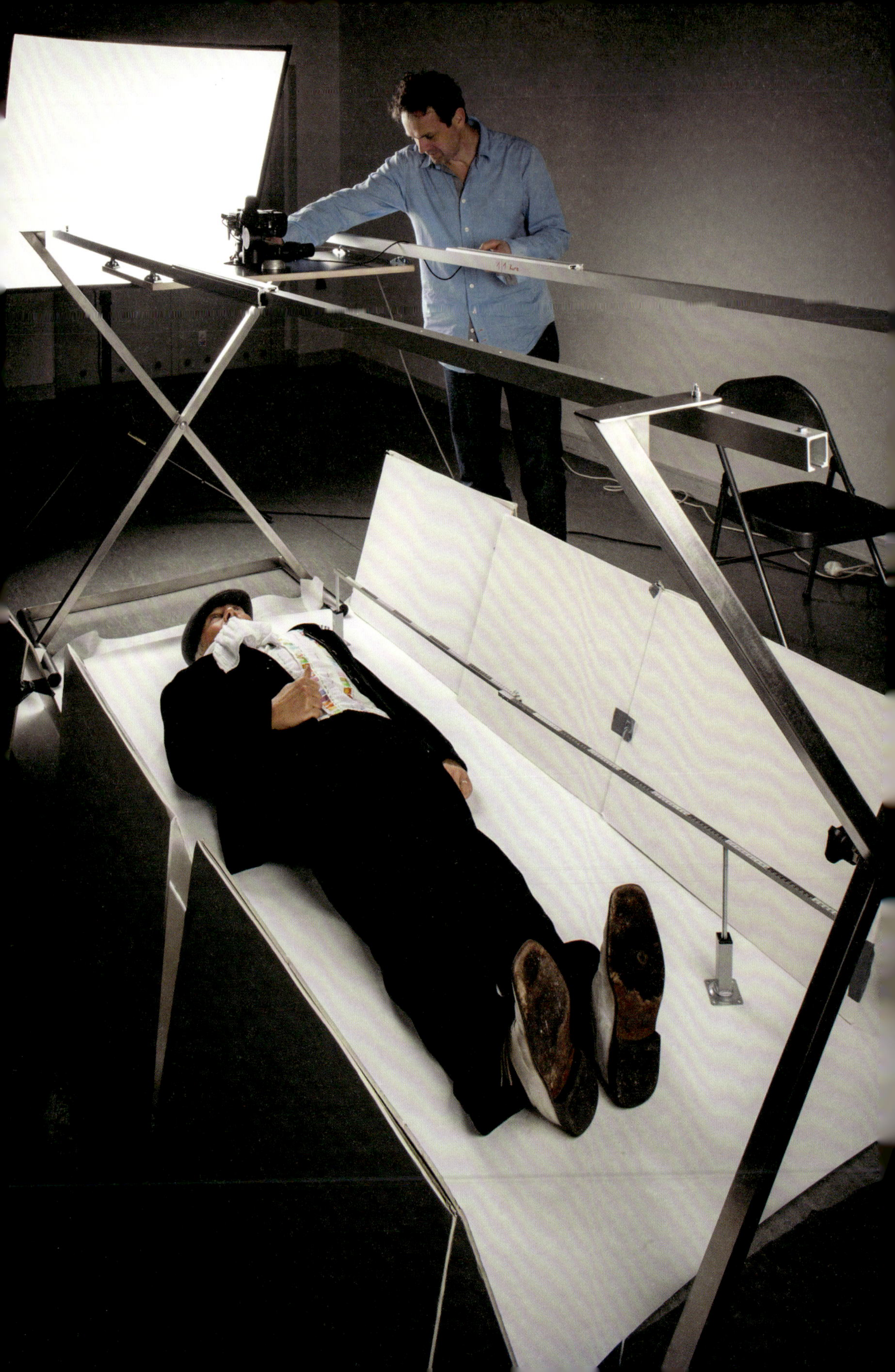

ZU DEN SCAN-BILDERN IN DIESEM BUCH

Entschleunigung mit der Kamera

Als der Fotograf Kurt Hörbst in der Redaktion der Welt der Frau anrückte, um die Pilgerinnen und Pilger zu scannen, wurde einiges verrückt. Zum Beispiel der große Besprechungstisch, der einem seltsamen Gestell weichen musste. Mit weißen Kartons wurde eine Art Grube gebaut, über der auf einer Schiene die Kamera montiert wurde. Die ganze Szenerie wurde mit großen Studiolichtern ausgeleuchtet. Kann schon sein, dass einigen Pilgern nicht ganz wohl war, als sie sich auf den Boden legten. Mehrere Minuten sollten sie, voll in ihrer Wandermontur justiert, ruhig bleiben, keine Miene verziehen, und warten, bis die Kamera über sie gefahren und sie Zentimeter um Zentimeter abfotografiert hatte.

Zugegeben, das Verfahren von Kurt Hörbst hat etwas Irritierendes. An die zwanzig der so gewonnenen Bilder werden zu einem Ganzkörperbild des Menschen zusammengebaut. Anschließend wird das Porträt optisch im Hochformat wieder aufgestellt. Nun können die Fotografierten allerdings nicht stehen, weil sie ja liegen, und das sieht man spätestens bei den Fußspitzen, die meist nach vorne geneigt wirken, und an den flachen Brustkörben. Menschen, die zuerst weit gegangen sind und von ihren Erfahrungen berichten, legen sich dann reglos hin. Klingt etwas paradox. Passt aber doch gut zusammen. Denn das Pilgern wird von den meisten als eine Form der Verlangsamung beschrieben, als ein Ruhigwerden der Seele, als ein Warten auf Neues. Und das, obwohl es mit viel Bewegung und oft auch Anstrengung verbunden ist.

Kurt Hörbst, Jahrgang 1972, hat das Verfahren der „People-Scans“ entwickelt und erstmals 2005 an seiner Verwandtschaft erprobt. Einige der People-Scans aus Venedig finden sich in der Welt-der-Frau-Ausgabe vom Mai 2012. Mit dieser stark auf emotionale Neutralität abzielenden Methode dokumentiert Kurt Hörbst Bewohner gewisser Orte. Inzwischen ergänzt er seine Sammlung an People-Scans mit Menschenbildern aus Wien, Peking oder Riga, aber auch spezielle Personengruppen sollen auf diese Art „festgehalten“ werden. Die Pilger und Pilgerinnen der Welt der Frau sind bei den Pionieren dabei und beweisen Offenheit. Schöne Porträts kann jeder haben, gescannte haben nur die Mutigen.

Christine Haiden

Geografische Karten: Ausgewählt und künstlerisch bearbeitet von Kurt Hörbst. *Quelle:* Google Maps.

www.welt-der-frau.at

TITEL Neue Wege – 17 Pilger-Routen, die verändern.

HERAUSGEBERIN Christine Haiden, Chefredakteurin der „Welt der Frau", Linz

AUTORIN Verena Halvax, Linz

LEKTORAT Martin Ross, Wien

FOTOGRAFIE Kurt Hörbst, Apfoltern

FOTOREDAKTION Alexandra Grill, Apfoltern

GRAFISCHE GESTALTUNG/SATZ UND COVER Sandra Gugić, Wien/Berlin

LITHO UND KOORDINATION PRODUKTION Farbpraxis, Wien

DRUCK UND BINDUNG Fairdrucker, Purkersdorf

ISBN 978-3-200-03115-9